U0058019

教師評鑑方法：

結合學生學習的模式

賴麗珍　譯

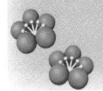

LINKING
TEACHER EVALUATION
and STUDENT LEARNING

Pamela D. Tucker & James H. Stronge

本書獻給美國公立學校的數百萬名學童，他們的未來發展仰賴具有高度能力和承諾的教師與學校領導者。

——Pamela D. Tucker and James H. Stronge

著者簡介

Pamela D. Tucker 目前是維吉尼亞大學（University of Virginia in Charlottesville）教育學院（Curry School of Education）的副教授，她同時也是中小學校長實習課程組（Principle Internship Program）的主任。她的研究興趣集中在教師效能、學校校長領導及教育人員評鑑。曾與其他作者合著過：《*Handbook for the Qualities of Effective Teachers*》（二〇〇四年由 ASCD 出版）、《*Handbook on Teacher Evaluation: Assessing and Improving Performance*》、《*Handbook on Educational Specialist Evaluation: Assessing and Improving Performance*》（兩書在二〇〇三年由 Eye on Education 出版）、《*Educational Leadership in an Age of Accountability*》（二〇〇三年由 SUNY 出版）、《*Teacher Evaluation and Student Achievement*》（二〇〇〇年由 *NEA* 出版）等等。她是威廉與瑪莉學院的教育博士，主修教育行政，曾擔任過中學教師、特殊教育教師及學校行政人員。

　　James H. Stronge 目前是維吉尼亞州威廉與瑪莉學院「教育政策、計畫及領導」領域的榮譽教授（Heritage Professor）。他的研究興趣在教師效能、學生成就、以及教師與行政人員的績效評鑑，曾經和許多學區以及全國、全州的教育組織合作發展教育人員的評鑑系統。Stronge 的論著甚多，近年來較重要的合著專書有《Handbook for the Qualities of Effective Teachers》（二〇〇四年由ASCD出版）、《Superintendent Evaluation Handbook》（二〇〇三年由 Scare-crow 出版）、《Handbook of Teacher Evaluation》（二〇〇三年由 Eye on Education 出版）、《Qualities of Effective Teaching》（二〇〇二年由 ASCD 出版）、《Teacher Evaluation and Student Achievement》（二〇〇〇年由 NEA 出版）等等。他是阿拉巴馬大學的教育博士，主修教育行政與計畫，曾任教師、顧問及學區層級的行政人員。

譯者簡介

　　賴麗珍，美國威斯康辛大學麥迪遜校區教育博士，主修成人
暨繼續教育，曾任職於台北市教育局、台灣師範大學圖書館（組
員）及輔仁大學師資培育中心（副教授）。研究興趣為學習與教
學、教師發展及創造力應用。

謝辭

我們深信使用學生學習評量來評鑑教師素質很重要，這個信念源自多年來在不同公立學校系統的工作與合作經驗，而這些學校系統都使盡了全力想讓教師評鑑更有意義。我們感謝所有允許我們參與對話討論的教師與行政人員，他們幫助我們了解當前教育實務令人擔憂之處，以及發展更佳方法的可能性。

本書的前一版本係受全國教育協會（National Educational Association, NEA）委託撰寫並由其出版，我們感謝 NEA 的經費贊助，以及視導與課程發展協會（ASCD）同意我們在本書中引用該書的部分內容。除了原來的個案案例之外，本書增加了維吉尼亞州亞歷山卓市公立學校學區的教師評鑑系統，該部分由 Melissa McBride 和 Mason Miller 執筆。

在撰稿的資料蒐集期間，我們有機會和科羅拉多州、奧瑞崗州、田納西州及維吉尼亞州的教師、校長、研究人員及教育主管機關行政人員談話，這些人士免費挪出他們的時間與我們會晤，雖然有時候熱情洋溢、有時候審慎憂心，但他們總是表現出志在改進教育的思想開通態度。我們要特別感謝田納西加值研究暨評量中心的研究人員、田納西州那克斯縣立學校的教師及校長、那克斯縣教育協會、西奧瑞崗大學教學研究部門的研究人員、在西奧瑞崗大學修讀師資培育課程的學生、維吉尼亞州亞歷山卓市公立學校的教師及校長，以及科羅拉多州湯普生 R2J 學區的行政人

員及教師。我們希望向這些優良教育組織中的優秀高層行政人員、評鑑專家、校長、教師及研究人員致謝，他們向我們親切敞開辦公室與教室大門並且參與我們的研究。你們的坦率、支持及熱忱令人永誌難忘。

我們也要感謝研究生助理 Melissa McBride、Michael Salmonowicz 及 Jennifer Hindman，他們對於修訂個案案例所需的背景研究提供了寶貴的協助，並且大力協助本書的編輯工作。

視導與課程發展協會的 Scott Willis 也是我們感謝的對象之一，感謝他同意由 ASCD 出版本書，以滿足對教學績效責任的新知愈發期待的讀者。我們期望 ASCD 的讀者們能樂於接受更平衡的教師評鑑觀念——其基礎為「評鑑既是教學的行動，也是教學的結果」。

最後，我們要感謝所有支持的讀者，他們在思考教師素質評鑑方面，一向願意轉移典範。

目錄

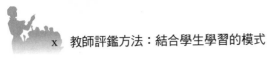

（正文旁之數碼，係原文書頁碼，供檢索索引之用）

效能教師的影響力
與評量教師效能的理由

這就是教師的價值。教師注視著一張臉龐然後說,在這張臉龐之下有些內涵,我要接近這個人、影響這個人、鼓勵這個人、充實這個人;我要喚起這個人,不論他隱藏在哪一張臉龐、哪一種膚色、哪一種傳統或哪一種文化之下。我相信他能做到,因為我知道教師曾為我做過的一切。

—— Maya Angelou

　　在個人層次,一位有效能的教師所產生的轉化力量,幾乎是我們每個人都曾經驗過,且都能了解的事情。如果特別幸運,一所學校也許出過多位傑出教師,他們把學校變成令人興奮和感興趣的地方,他們對任教的學科充滿熱忱,並且真誠關懷與其共同相處的學生;他們鼓勵學生考慮自己的想法、深思學科知識、承擔更具挑戰的工作,甚至在特定學習領域裡追求生涯發展。有些

2　　傑出教師達到名師的地位，例如中學數學教師 Jaime Escalante，其
事蹟就被拍製成電影「為人師表」（Stand and Deliver），但是還
有數以千計每天為學生做出非凡奉獻的英傑教師尚未受到表彰。

一、效能教師的特質

我們憑直覺知道，高效能教師（highly effective teacher）對學
童的日常生活、終身教育及生涯期望都能產生充實的效果；如今
我們從實證資料獲知，這些效能教師對加強學生的學習也有直接
的影響。關於教師素質的多年研究證明了一項事實：效能教師不
僅讓學生覺得學校和學習令人愉悅，他們的努力也確實提升了學
生成就。研究證實，「較高的學生成就」與「教師整體個人及專
業素質」有相關，例如：成功的教師被描述為具有較佳的語文能
力、學科內容知識、教學方法知識、專業認證狀況、運用各種教
學策略的能力，以及對任教學科的熱忱。'以下是效能教師的一些
關鍵特質：

1. 受過正式的師資培育。
2. 具備某一類證照（標準的、替代的或暫時的）並且符合任
   教的領域。
3. 至少三年的教學經驗。
4. 對學生關愛、公平及尊重。
5. 對自己與所教學生抱持高度期望。
6. 奉獻額外時間做教學準備及反省。
7. 以有效的教室管理與組織，增加可用的教學時間。

8. 藉由各種教學策略、活動及指定作業來加強教學。

9. 用有意義的方式呈現教材以增進學生的理解。

10. 採用前測與後測、提供即時且實用的回饋，以及對未熟練的學生再教一次等方式，來監控學生的學習。

11. 無論學生學業差異多大，能證明自己的教學效能普及於各種能力的學生。

3

　　效能教師的素質列表及其參考說明，可查閱本書附錄 A。

　　研究者不僅對於效能教師如何加強學生學習，也建立合理的共識，像 Marzano 等人（2001）的後設研究也開始量化特定教學策略的平均效果。若適當地實施，有些教學策略可以將學生成績提高二十九至四十五個百分位數，比如辨別異同、摘要、做筆記及增強學生的努力並給與認可等策略。[2]這樣的成績增長可能意味著：在教師選用有效的教學策略之後，一位成績在第五十個百分位數的中等程度學生，其成績可能提升到第七十九甚至第九十五個百分位數。

　　不可否認，教學仍將是一門藝術，但教學也是一門科學，我們才剛開始將這門科學積極應用在實務上。正如 Mike Schmoker 在其所著《結果：持續改進學校的關鍵》（*Results: The Key to Continuous School Improvement*）一書中所述：「當我們開始更有系統地縮小所知與所做之間的差距，我們將站在一個交會點上，這個交會點係屬實施教育以來最令人振奮的時代之一。」[3]而伴隨著各州訂立標準與聯邦的立法——如《有教無類法》（No Child Left Behind Act）以及更多對於教師績效責任的明確界定，有系統應用研究本位（research-based）知識的時代已經來臨（譯註：《有教

無類法》的譯名沿用自美國紐約市教育局）。

 二、教師效能對學生成就的影響

　　Bill Sanders 在田納西大學「加值研究暨評量中心」（Value-Added Research and Assessment Center）做過的研究，對於再次斷言個別教師之於學生學習的重要，起了關鍵作用。[4]他的研究有一部分屬於量化教師效能在學生成就方面的累加或累積效果，而在多年的研究期間，Sanders 將焦點放在比較兩類教師對學生的影響——使學生高成就的教師相對於使學生低成就的教師。Sanders 發現，從三年級開始，分配到依教師高績效（high-performing）程度排序的三個班級的學生，到了五年級結束時，他們在田納西全州數學測驗的平均成績達到第九十六個百分位數；而另一群本來成績相當、也是初升三年級的學生，在分配到依教師低績效（low-performing）程度排序的三個班級之後，其參加同一數學測驗的平均成績只達到第四十四個百分位數；[5]本來能力和技巧相當的兩群學生，其差距竟大到五十二個百分位數。Sanders 博士及其同事對這項研究結果有如下的闡述：

　　　該結果充分證明影響學生學習的最重要因素是教師，此外，研究結果也顯示教師之間的效能差異很大。這項發現的明確直接意涵是，從改進教師績效來改善教育似乎比改變其他任何單一因素更大有可為。看來，效能教師對各種成就水準的學生都產生影響，不論班級學生的異質性如何。[6]

　　上述田納西研究的進一步分析則指出，高績效與低績效教師對學生的影響都同樣長達三年以上：曾經受教於高效能或低效能教師，學生往後的學業成就將會分別受到增強或限制。[7]換言之，待在高效能教師的班級一年，學生得到的學習進步會維持數年之久，並且混合了其後受教於效能教師之影響；相反地，因教師效能低落而學業無進步的學生，即使之後被安排到高效能教師的班級，統計上的明確數據指出，其受到的負面影響大約是三年。考慮到像這樣的結果，難怪研究者會發現「主要結論是教師造成差異」。[8]

　　於德克薩斯州達拉斯市所做的一項類似研究，發現低年級學生的數學和閱讀成績比較也有雷同的結果。[9]當一群一年級新生很幸運被安排到依教師高績效程度排序的三個班級之後，他們在愛荷華基本能力測驗（Iowa Tests of Basic Skills）的平均成績從第六十三個百分位數增加到第八十七，相對於對照組學生之平均成績從第五十八個百分位數掉到第四十，兩者之間的差距達到四十二個百分位數；閱讀成績的類似分析也發現兩組學生的差距是四十四個百分位數。田納西和德克薩斯的研究獲得了引人注目的相似發現：在學生學業成就方面，高效能教師比低效能教師有能力造成更大的進步。

　　雖然數據有助於概述低效能教師對學生學業的累積影響，但我們也只能憑想像體會學生在這些低效能教師班級感受到的失敗和無助，以及學生家長的可能經歷。無疑地，學生只會懷疑自己出了什麼問題，但事實上，有問題的是他們所得到的教學品質。有一則普遍但誤導大眾的通俗說法認為：逆境能幫助學生塑造性格，低效能教師就是逆境的化身，而學生第二年就可以趕上。相

關研究則指出相反的情況。

根據「達拉斯公立學校績效責任制度」（Dallas Public Schools' Accountability System）的調查發現，低績效教師對學生學業成就的負面影響，在換成高績效教師教導的三年之中仍然持續存在。[10] 但好消息是，學生若先接受高績效教師一年的教導，此後數年都會受益於該教師的優良教學；相反地，如果學生先遇到一位低績效教師，失去學習機會的負面效應在往後數年都難以隨年齡增長而改變。達拉斯的研究指出，有關低績效教師負面效應的更糟糕情況是：「低成就學生往往被分配給效能較低的教師……於是，低效能教師的負面效應成為對學生的懲罰，懲罰那些最需要幫助的學生。」[11]

Mendro 總結達拉斯研究與田納西「加值研究暨評量中心」的研究發現如下：

> 研究……已經證實教師對學生成績的影響。他們（研究者）指出教師影響力的縱貫研究還有更多待探究的部分、教師的影響力之大遠超過預期，以及效能最低的教師對學生成績的長期影響在三年之後都無法完全修補。[12]

簡言之，這些關於教師殘餘影響的研究清楚說明，教師素質不僅攸關學生學會多少知識，教師的效能也會影響學生達數年之久，無論是好或壞的影響。

三、高資格與高效能的對比

　　考慮到效能教師對學生造成影響的相關知識正大量增加中，教育政策在課程標準與學生評量之外，似乎開始注意到班級教師的重要性。其中一個明顯的例子是聯邦政府二○○一年通過的《有教無類法》，此法宣示兩個概念，其一是以逐年測驗為基礎的「適當年度進步」（adequate yearly progress）；其二是以教師資格要求為本的「高度合格教師」（highly qualified teacher）。後者被視為改進美國教育的重要策略，而依據立法內容，「高度合格」係指教師至少具備碩士學位、完整取得州政府規定的任教學科執照或認證，以及能證明具備任教學科的專業能力。

　　雖然執照或認證是判定教師資格的重要指標，但單憑證照不足以構成教師的效能。如本章前節所述，教師效能是由一套非常複雜的特質所組成，超出師資職前專業教育所能提供的範圍，這些特質包括個人氣質與一系列的計畫、組織、教學及評量技能。效能教師能夠預見適合學生的教學目的，然後利用其知識與專業訓練幫助學生成功地學習，得到「高度合格」的教師當然是好的起步，但大多數家長和學校想要的是高效能教師，因為他們的教學付出使學生產生高度的學習成效。

四、促進教師效能

　　我們如何為全國的學校和學童培育及支持效能教師？我們相信教師需要回饋，不僅限於教學行為的回饋，也包括教學結果的

回饋。適時的及大量資訊的回饋，對於任何求改進的努力都是重要的，例如田徑教練、健身訓練師及減重顧問等專業者，他們對於如何表現得更好提供指導，但是他們的專業效能只能從實質的結果來證明——如改善後的操作時間、舉起的重量或減少的磅數。顯然，「當估算付出的努力所換得的結果時，一個人會工作地更有效能、更有效率、更為持久。」[13]

應用教師評鑑系統的目的，通常是為了提供回饋與指導以改善專業實務，事實上，多數學者認為教師評鑑的主要目的就是改善績效和證明績效責任。[14] 績效改善功能（performance improvement function）與個人成長的層面有關，也牽涉到幫助教師學習實務、反省實務及改進實務，其本質常被視為形成性的（formative）過程，需要繼續的專業發展與成長；[15] 另一方面，績效責任功能（accountability function），反映了對於專業能力和高品質績效等重要專業目的的承諾，績效責任往往被視為總結的（summative）過程，並和教育服務績效的判斷有關。[16]

傳統上，教師評鑑的基礎一向是教學的行動，而且幾乎全部採用教室觀察進行評鑑。在教育研究服務社（Educational Research Service）[17] 所做的一項研究中，99.8%的美國公立學校行政人員使用直接教室觀察作為主要的資料蒐集技術。然而，教師評鑑依靠正式觀察為基本方法會造成嚴重問題（例如造假、工作表現的取樣太小），[18] 即使在最佳的情況之下，校長於一年內可觀察同一位教師的教學三至四次，這些觀察還是可能會有下列問題：

1. 教學活動造假。
2. 需要採用教學視導的觀察方法。

3. 以觀察者的技巧而言，評鑑的效度有限。

4. 觀察範圍狹小（例如只限定於教學方法）。

5. 只涉及教師教學工作的小部分樣本（例如四個小時的觀察可能未及教師全年教學時數的 0.5%）。*19*

除了這些傳統評鑑過程的實質缺點之外，教室觀察的真正根本錯誤是：假定在觀察過程中出現的良好教學實務，即等於學生的成功學習。如果學生的學習是最終目的，我們應該直接評量學生的學習成果，而不是從次數有限的教室觀察推斷，因此，較為平衡的教師評鑑取向，應當同時包括教學行動的評鑑和教學結果的評鑑。我們並非建議放棄使用教室觀察法，而是主張教師效能可以共同透過教室教學與學生的學習收穫來判斷和證明。

五、評鑑教師效能

大部分教師都會同意自己應該對學生的學習負起責任，但整個教育界卻一直迴避採行以評量學生學習為根據的教師評鑑，有時我們有很好的理由，例如考慮到過去曾經提倡過的方法都不夠公平。然而，不能只是因為傳統的評鑑策略溫和又方便，就繼續沿用下去，真正的解決方案是發展公平合理的方法，來評鑑把學生納入的教師教學成效。本書稍後將討論的幾個學校系統和教育計畫，已經發展出教師評鑑的革新方法，這些方法能夠記錄學生學習方面具信度和效度的資料，以利回饋給評鑑過程。

發展公平的教師效能評鑑方法，需要堅定地檢視兩方面的條件：其一是對於正當性的疑慮，這些疑慮在過去曾經導致迴避採

8

用學習結果取向的教師評鑑；其二是繼續發展的可能性，在今日強調教師承擔更大績效責任的氛圍中，有發展價值的評鑑方法更能吸引注意。

(一)關於正當性的疑慮

依照 Schalock [20] 的說法，對於採用學生學習評量來評鑑教師素質一事的疑慮，可群集整理為兩方面，分別是「績效責任的集體性與條件性特質」以及「評量學生學習的策略」。學校教師的績效責任往往減輕到只需要求學生在某段時間達到特定成就目標，儘管「令人滿意」是底線，這些期望卻忽略了學習是複雜的師生相互依存關係，因此我們應該考慮一些問題，比如「是誰設定的績效責任？運用了哪些資源？以及如何評鑑？」

1. 績效責任的集體性特質：績效責任是所有利害關係人的責任

績效責任應該被界定為眾人支持學習的共同責任，包括家長、校長、學區學監（superintendents）、學校教育委員會成員及教師，更不用說包括學生本身。只限定教師必須對學生的成績負責，而忽略其他夥伴在教育過程中扮演的角色，顯然不公平而且意味著由教師當替罪羔羊；同樣地，如果學校未提供有品質的教學來符合各年級學生的學習期望，卻要求學生參加暑期班補習或因為學生成績不理想將其留校輔導，學校也顯然在逃避集體的績效責任。

最後，學習是一種師生互動之後產生的現象，也是受內在控制的活動，教師無法單獨對學生的學習負責，然而，我們期待教師能營造最優質的學習條件，這是教師受聘的理由也是教師的專業義務，如 Schalock 所言：「教師促進學生學業進步的績效責任

與學校承擔教育責任的社會契約，彼此密切相關。」[21]

2. 績效責任的條件性特質：教育資源與學生需要

　　就像教育過程受到許多人士的影響一樣，也有許多變項影響教室內的學習過程，而且這些變項超出教師的掌控能力。影響學校教育的外在變項包括了社區和州政府提供支持的程度、對每位學生的教科書供應、電腦的數量、充足的教學設備及課程專家的支援等等；教室內，學生的人數和類型對於全班學生的學業成就產生極大影響，而班級大小的確造成差異，尤其是當一位教師必須教導一大群瀕於危機的學生（at-risk students）時——無論這些學生是身心障礙、英語能力不足或窮困。

3. 學生學習的評量

　　教師評鑑使用學生學習評量的另一項疑慮是評量的方法，傳統採用評等（grades）或標準化成就測驗分數的方式，受到各種不同理由的質疑，包括：

- 評分程序的正確性。
- 成就測驗與課程的一致性。
- 評等和測驗分數在改進教學方面的診斷性價值。
- 評等和測驗分數這類指標具有一次一項分數的特質（single-point-in-time）。

　　在缺少有意義的前測分數之下，學年結束時學生的評等或標準化成就測驗分數很難有效顯示一年中教師對學生的影響；事實上，這些分數反映的是過去幾年學生在家裡及學校學習的累積成果。更正確的學習評量方式應該和課程保持一致，並且在學年開

始和結束時實施，其方法為以全班學生為對象，計算得自前、後測的平均學習進步，即可得到全班學生學習總量的一般指標（有關學習評量的更深入討論請參閱第二章）。

10   顯然，影響學生學習的因素在多方面交互作用而且相當具挑戰性，因此，如何以最好的方式評量學生學習也同樣很難達成共識。考慮到這些複雜狀況，許多教育者已避免太過公開或直接為了改進教學或評鑑教師績效，而追蹤學生的學習成效，然而，自《有教無類法》施行後，許多州要求學校達到高利害關係（high-stakes）的績效責任，此種局勢促進了審視教師素質評鑑方法是否公平與實際的急迫需要。今日，相關政策要求學區學監、校長、教師及學生都要對追求更高水準的學生成就負起責任，教師被迫產出成果卻缺少做出資料帶動（data-driven）的教學決定所需的資訊和支持，但若採用像本書所建議的這些評鑑方法，則能以平衡而有意義的方式，針對教學提供回饋。

(二)可能性

如前所述，教師評鑑的兩個基本目的是專業成長和績效責任，在教師評鑑過程使用學生學習資料提供了一種可能的工具，此工具可以改善教師的專業成長和績效責任，也可以將教師評鑑重新聚焦於教師成就而非風格議題或教師在行政上的地位。個人的意見或偏見往往會污染評鑑的過程，也會貶低有意義的教學對話所需要的可信度和信任，關於學生學習的有效可靠資訊，則有助於使評鑑過程和學校教育的責任保持一致，這種保持一致的方式有下列益處。

1. 更客觀的教師效能評鑑

　　以下來自某位達拉斯市校長的故事，凸顯了在評鑑過程取得客觀資料的重要性。這位女校長去新任學校報到時，前任校長告訴她，學校有兩位問題老師，她在上任後可能需要準備解聘這兩位教師。其中一位教師做事欠缺章法，教室秩序混亂，學生上課時常常講話和走動；另一位教師對待學生頗粗魯，班規嚴格，把學生訓練得很苦。這兩位教師在教學風格上是兩個極端，但學年結束時，新校長接到每位教師的學生成績報告，發現這兩位教師的績效最高（班上學生成績進步最多），於是她決定容忍這兩位教師的人格差異，只要她們能把學生帶好。這則故事提供了令人信服的訊息：同時檢視教學行動和教學結果的評鑑方式，對教師效能會有更平衡而實際的評價。

2. 為改善教學提供有意義的回饋

　　以評鑑形式呈現的客觀回饋對於教學視導也提供了可貴的工具，如 Barbara Howard 和 Wendy McColskey 所言：「當實施導向專業成長的教師評鑑時，教師需要誠實看待自己的優點和缺點。」[22] 自我評鑑由於不夠客觀，效用可能有限；根據少數教室觀察得到的同儕回饋或視導人員回饋，也因為提供的行為樣本有限，同樣不足以採行；而長達一定期間或甚至半年的學生評量資料，則能針對學生累積的教材精熟度提供具體回饋、在教師對學生的影響方面提供更為廣泛豐富的取樣，以及辨識學生在學習學科內容與技能方面表現出的特定模式。

　　從那些成功提升學生成就水準的學校所得到的證明，特別是來自低收入戶與少數族裔集中地區的學校之證據，已經說明善用學生的評量資料是學校教學成功的關鍵要素。[23] 資料分析方法一

11

向被用於監控學生的成績，以及確保學校與學校系統在既定目標方面的績效責任。最近針對舊金山灣區三十二所學校所做的一項研究，發現在致力縮小學業成績差距和不在意差距的學校之間，教師蒐集、解釋及分析教學改進有關資料的次數有明顯差別：「縮小學業差距學校的受訪教師之中，有三分之二表示他們為了了解學生的學業能力高低，使用測驗及其它資料的頻率為每個月至少數次，有時甚至一週蒐集好幾次資料。」[24] 看來，教學上對學生評量的積極回應，是增進學生成績的有力工具。

3. 教師成就的晴雨表和動機促進的工具

12 　　除了提供改進教學的有意義回饋之外，學生的成績資料也帶給教師鼓勵和滿足感，如 Schmoker 所言：「資料和結果可以是強大的力量，它能產生追求改進的內在動機。」[25] 教學結果的可靠資料告知教師需要改進哪些方面的績效，並能判斷改善的成功程度，若缺乏關於工作的具體回饋，教師很難希望改善自己的教學。「資料能使隱藏的事實顯現，使原先隱匿的優缺點揭露出來；資料能提高精確性與肯定度，進而增加教師對自己能力的信心。」[26]

4. 評量是教學不可或缺的層面

　　三十多年前，Lortie 曾說：「有效教學的核心所在就是監控有效教學。」[27] 的確，效能教師持續監控學生的學習，並且使用監控所得的資訊改進教學。我們該如何鼓勵所有教師這樣做以裨益其教學和學生的學習？本書目的即在提供適用的方法，這些方法能平衡相互競爭的兩種需求——教師專業成長符合公平與診斷的價值，以及要求教師對學生學習負起績效責任。教師評鑑的實施細節令人嘆為觀止，本書中的每一套方法都代表了多年來對於影響學生學習和其評量的無數議題之詳細考慮，雖然介紹的每個模

式各有利弊，但它們在結合教師評鑑和學生學習方面都有實證的
紀錄可查。

六、結語

　　學校績效責任是現在全美國州政府官員和地方社區民眾的平
常對話主題，家長、政策訂定者及教育者等在檢視過公立學校之
後都大聲呼籲，甚至要求必須改進學校教育。學校革新的方式有
許多種，其中最重要的兩個焦點放在提高師資標準和改善學生的
學業表現。當前學校革新運動的第一砲由「全國教學與美國未來
委員會」（National Commission on Teaching and America's Future）
在一九九六年開啟，在其出版的《何者最重要：為美國的未來而
教》（*What Matters Most: Teaching for America's Future*）報告書
中，詳細闡述以下的學校革新目標：

> 我們建議一項大膽的目標……二○○六年之前，美國將
> 提供全國學生與生俱來的教育權：接受有專業能力、愛
> 心及合格的教師之教導。[28]

13

　　委員會在開頭的目標敘述之後，接著提出五項主要建議的第
一項：同時認真看待學生與教師的標準（Get seriously about stand-
ards for both students and teachers），「顯然，若要使學生達到高
標準，我們能期待的就是教師及其他教育者。」[29]
　　如果教師的確造成學生學習上的差異、如果我們即將會有具
備專業能力與愛心的教師，難道不應該把教師的工作和學生的學

習連在一塊兒？難道學生的成績不應該是評量教師效能的根本指標？接下來的幾章會探討這些問題，在第一章的導論之後將綜覽一些策略，這些策略的設計乃根據學生的學習結果來評鑑教師效能。我們將依序檢視四套這類的評鑑系統，[30] 包括：

1. 以學生學習評鑑教師素質：奧瑞崗教師工作樣本分析法（The Oregon Teacher Work Sample Methodology）。
2. 在標準本位的環境中評鑑教師素質：科羅拉多州湯普生學區的經驗。
3. 經由目標設定評鑑教師素質：維吉尼亞州亞歷山卓學區的經驗。
4. 以學生的進步評鑑教師素質：田納西州的加值評鑑系統（Value-Added Assessment in Tennessee）。

最後一章的結論將摘要關鍵的議題，以及針對有興趣將教師評鑑與學生成就結合的教育者與決策者提出建言。

註解

1. See Darling-Hammond, L. (2000). Teacher quality and student achievement: A review of state policy evidence. *Education Policy Analysis Archives, 8*(1). Retrieved January 22, 2004 from http://olam.ed.asu.edu/epaa/v8n1/ and Stronge, J. H. (2002). *Qualities of effective teachers.* Alexandria, VA: Association for Supervision and Curriculum Development.
2. Marzano, R. J., Pickering, D. J., & Pollock, J. E. (2001). *Classroom instruction that works: Research-based strategies for increasing student achievement.* Alexandria, VA: Association for Supervision and Curriculum Development.
3. Schmoker, M. (1999). *Results: The key to continuous school improvement.* Alexandria, VA: Association for Supervision and Curriculum Development, p. 70.
4. The Tennessee Value-Added Research and Assessment Center work will be highlighted in more detail in Chapter 6.
5. Sanders, W. L., & Rivers, J. C. (1996). *Cumulative and residual effects of teachers on future student academic achievement* (Research Progress Report). Knoxville, TN: University of Tennessee Value-Added Research and Assessment Center.
6. Wright, S. P., Horn, S. P., & Sanders, W. L. (1997). Teacher and classroom context effects on student achievement: Implications for teacher evaluation. *Journal of Personnel Evaluation in Education, 11*, 57–67, p. 63.
7. Sanders & Rivers, 1996, p. 63.
8. Wright, Horn, & Sanders, 1997, p. 57.
9. Jordan, H., Mendro, R., & Weerasinghe, D. (1997, July). *Teacher effects on longitudinal student achievement.* Paper presented at the sixth National Evaluation Institute sponsored by CREATE, Indianapolis, IN.
10. Mendro, R. L. (1998). Student achievement and school and teacher accountability. *Journal of Personnel Evaluation in Education, 12*, 257–267, p. 262. The Dallas Public Schools program will be highlighted in more detail in Chapter 6.
11. Mendro, 1998, p. 261.
12. Mendro, 1998, p. 261.
13. Schmoker, 1999, p. 2.
14. Duke, D. L. (1990). Developing teacher evaluation systems that promote professional growth. *Journal of Personnel Evaluation in Education, 4*, 131–144; McLaughlin, M. W., & Pfeiffer, R. S. (1988). *Teacher evaluation: Improvement, accountability, and effective learning.* New York: Teachers College Press; Stronge, J. H. (1997). Improving schools through teacher evaluation. In J. H. Stronge (Ed.), *Evaluating teaching: A guide to current thinking and best practice* (pp. 1–23). Thousand Oaks, CA: Corwin Press.
15. Iwanicki, E. F. (1990). Teacher evaluation for school improvement. In J. Millman and L. Darling-Hammond (Eds.), *The new handbook of teacher evaluation: Assessing elementary and secondary school teachers* (pp. 158–171). Newbury Park, CA: Sage.
16. McGahie, W. C. (1991). Professional competence evaluation. *Educational Researcher, 20*, 3–9.
17. Educational Research Service. (1988). *Teacher evaluation: Practices and procedures.* Arlington, VA: Author.
18. Medley, D. M., Coker, H., & Soar, R. S. (1984). *Measurement-based evaluation of teacher performance.* New York: Longman.
19. Stronge, J. H., & Tucker, P. D. (2003). *Handbook on teacher evaluation: Assessing and improving performance.* Larchmont, NY: Eye on Education.
20. Schalock, H. D. (1998). Student progress in learning: Teacher responsibility, accountability and truth. *Journal of Personnel Evaluation in Education, 12*(3), 237–246.
21. Schalock, 1998, p. 237.
22. Howard, B. B., & McColskey, W. H. (2001). Evaluating experienced teachers. *Educational Leadership, 58*(5), 48–51, p. 49.
23. Cawelti, G. (1999). *Portraits of six benchmark schools: Diverse approaches to improving student achievement.* Arlington, VA: Educational Research Service; Schmoker, M. (2001). *The results handbook.* Alexandria, VA: Association for Supervision and Curriculum Development; Skrla, L., Scheurich, J. J., & Johnson, J. F. (2000). *Equity-driven achievement-focused school districts.* Austin, TX: Charles A. Dana Center.

24. Viadero, D. (2004, January 21). Achievement-gap study emphasizes better use of data. *Education Week*, p. 9.
25. Schmoker, 1999, p. 39.
26. Schmoker, 1999, p. 44.
27. Lortie, D. C. (1975). *School-teacher: A sociological study*. Chicago: University of Chicago Press, p.141.
28. National Commission on Teaching and America's Future. (1996). *What matters most: Teaching for America's future*. New York: Author.
29. National Commission on Teaching and America's Future, 1996, p. 18.
30. 雖然學校本位績效評鑑系統有幾個不錯的實例，但我們選擇將其排除在本研究之外，而把焦點放在那些強調個別教師績效與學生學習的評鑑方法。

如何評鑑教師素質

教學相長。

——孔子（Confucius）

　　若考慮教師在成功的學校所扮演的核心角色，教育革新的主
題會自然擴大到連結教師與學生的表現。「教學的目的是學習，
學校教育的目的是確保每一個新世代的學生，都能累積成人階段
適應社會、政治及經濟生活所需的知識和技能。」'因此，對許多
人來說，在設計及實施教師評鑑系統時，早就應該將學生的學習
進步考慮在內。本章將簡要概覽以下四套教師評鑑模式，這些模
式的確在整個教師效能與素質的評鑑中，以學生學業表現為主要
部分：

1. 奧瑞崗州的教師工作樣本分析法。
2. 科羅拉多州湯普生學區的標準本位評鑑辦法。

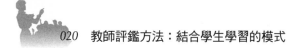
15

3. 維吉尼亞州亞歷山卓學區的目標設定評鑑辦法。

4. 田納西州的加值評鑑系統。

首先，我們把注意力先轉移到下列兩個問題：

1. 教師需要對學生的學習負責嗎？

2. 人們對評量學生的學習有哪些意見？

 一、教師是否需要對學生的學習負責

「學習既是學生的責任也是他的個人選擇」，此一說法有可議之處。試想以下支持這個看法的引句：

> 每個人都需要為自己而非他人的行為負責，因此教師必須對自己身為教師的行為負責，而不必為學生的學習者角色負責。該為學習負責的是學生自己。[2]

基本上，這個見解頗為正確，就如 Elliot Eisner 所言，學生應該整合理解新知識或練習新技能。[3] 學生不參與學習，學習不會發生。事實上，在許多州，高利害測驗辦法（high-stakes testing programs）要求學生為自己的學習負責，如果學生未通過測驗，則不予升級或畢業，還必須上暑期班。但是，學習是學生單方面的責任嗎？

大多數人會同意，學習是教師與學生之間的夥伴關係，雙方都有責任。的確，許多教育者相信，如果學生不學，教學就不發

生。相關研究已經清楚指出，教師及其教學品質直接影響學生的學習，而如果教師能影響學習，那麼，促使最大量的學習成為可能，難道不是教師的專業職責？如同全國教學與美國未來委員會（NCTAF）在其報告中所述：「每位學童都獲得有愛心、有專業能力的合格教師之教導，是教育革新最重要的部分，但我們相信，這個重點卻最常被忽略。」[4]

　　由 Brophy 和 Good[5] 負責的「過程—結果」研究（process-product research），以及其他人的研究，都證明某些教學實務的確能提高學生的成績。顯然，教師是學校與學生接觸的基本點（primary point），而且在很大程度上決定了教育目標和學生的學習結果。[6] 很多的研究支持更廣的主張，那就是，教師素質直接影響學生的學習，儘管對教師素質有不同的界定。[7] 在一項關於影響學校學習因素的大範圍後設研究（meta-analysis）中，Wang 等人分析所有可得的研究報告之後發現，對於學習的影響因素之解釋存在「普遍的專家意見」，[8] Wang 等人的主要結論之一是：末梢的因素如州政府、學區乃至學校政策，對學校教育沒有直接的影響；真正比較有影響的是心理因素、教學特色及家庭環境；而由於教學特色係由教師決定，學校顯然對教學特色有最大的操控能力。[9]

　　考慮到上述的研究基礎，我們相信教師不僅應該對教學負責，在某些程度上，教師也應該對學習的結果負責。如果此一主張能被接受，接下來的問題就是如何評量學習結果。

二、學生學習評量的改革

　　幾個世紀以來，教育者使用各種不同的策略評量學生的學習，

在許多方面，評量方法的選擇反映了當時的社會。例如在古希臘柏拉圖（Plato）的時代，學生以口試方式證明其知識和理解；*10* 美國在新教改革時期（Protestant Reformation），學生的能力評量方式為背誦和講述宗教文本（religious texts）的部分內容。由於這些歐洲傳統的塑造，特定文句的記憶背誦或問答到了英國殖民時期仍然是評量學生的主要方法；*11* 獨立戰爭之後到二十世紀初期，傳授給學生的教育內容更加世俗化並且反映民主的理念，然而口試依然是主要的評量策略。*12* 在南北戰爭之後的重建時期，美國適逢以大量生產為特徵的工業化改革，*13* 隨著紙張的使用增加和十九世紀下半葉鋼筆的發明，筆試開始成為評量學生知識的主要方式。*14*

17

　　二十世紀初期鉛筆的大量普遍使用，催生了新的評量方式——標準化成就測驗。*15* Thorndike 和 Terman 等心理學家嘗試設計一致化的評量方法，「來評量學生的內在能力，以便決定學生應該獲得的教育機會。」*16* 今日，標準化測驗幾乎是各州指定計畫（mandated programs）的實際政策，然而，在測驗的爭議中，引導教育政策實務的問題其實很簡單，那就是，測驗能否改進學生的學習？除非測驗能以某種方法增進學生的學習，所有其他的理由（如績效責任、教師評鑑或課程評鑑），都不能合理解釋測驗的必要；除非測驗的提倡者能提出更令人信服的目的，測驗分數引發的各種負面效應都形成反對使用測驗的聲浪，包括缺少教學時間、課程範圍受限、測驗引起心理焦慮、造成有些學生及學校的失敗感，以及測驗的解釋不合理等。*17* 考慮到高利害測驗帶來的嚴重、無法預期的後果，測驗的使用必須高度謹慎小心以顧及所牽涉的人員，而且配合為學生創造更佳教育結果的目標。

儘管常有針對高利害測驗的疑慮和批評，此類測驗的政策已是既成事實；再者，漸增的證據顯示高利害測驗可以產生正面的效果，例如芝加哥有一項關於升級門檻年級（promotional gate grades）學生的學業成績之研究，發現採用高利害測驗之後，學生的能力測驗分數具體增加。更精確地說，在閱讀方面，「閱讀技巧差的學生在測驗前一年的進步最大，而閱讀技巧接近所屬年級的學生，則在數學一科有最大的進步。」[18] 在另一項研究中，研究的焦點是一九九六至二○○○年之間，高利害測驗對全國教育進步評量（National Assessment of Education Progress, NAEP）的數學成績之影響，研究者發現，「所有高績效責任州的八年級學生之平均數學成績，顯著高於績效責任差或不使用全州測驗的各州八年級學生之表現。」[19]

論及熟練讀寫算等基本能力，測驗扮演了承擔特殊急要任務的關鍵角色。缺乏讀寫算能力，小學生的未來註定要失敗。因此，如果我們想提供學生全面繼續學習的基礎，就必須早期發現學生的基本能力缺陷，並且積極著手解決。沒有任何巧妙的教學可以補救在較高年級時仍欠缺高效閱讀能力（instructional level reading skills），低落的閱讀技巧會損害學生在整個學校生涯的可能成就。但是，測驗透過曝露學生成就水準之間的巨大差距，是確保最低素質水準的方法之一，尤其在維持就讀最差學校學生的基本能力方面。

幸運的是，學生的學習可以透過也應該透過不同方式加以評量，其可能採用的評量策略包括了：

1. 常模參照成就測驗。

2. 標準參照測驗。

3. 其他類別的學習評量。

㈠常模參照成就測驗

學校中廣泛使用的標準化測驗是「多元能力的成就測驗，目的在評量不同課程領域的知識與理解程度」，[20] 習慣上，這類測驗以團體方式實施，並且採用常模作為參照對象——以全國其他同年級學生作為對照比較的對象。選擇成就測驗或系列測驗（test battery）的考慮因素包括內容效度（如測驗和所教學科內容的適當搭配）、測驗的難度上限（test ceiling）（如測驗對學生而言不致於太簡單）以及相關事宜。常模參照測驗通常可以解決的問題包括下列：

1. 和所處的群體比較，某位學生在特定方面的成績居於哪一個地位，以及和常模的群體比較又居於哪一個地位？

2. 和另一個班級相比較，某位教師的全班學生整體成績與其有何差別？

3. 和全國常模或其他學區相比較，某一個學區學生在特定領域的成績表現與其有何差別？[21]

常模參照測驗的舉例請查閱附錄 B。

19 ## ㈡標準參照測驗

標準參照評量是指「在此種評量方式之中，依照學生在某一評量範圍的熟練度，決定其成績。」[22] 通常，標準參照測驗的設

計，在測定學生是否在某一明確界定的領域達到事先設定的標準，
其可以回答的問題包括下列：

1. 學生在這個領域達到的知識水準為何？（例如我們期望學
   生正確解答的某一類問題，學生能達到多少百分比的正確
   度？）
2. 學生在某一領域的強項和弱項是什麼？
3. 某一項學校教育計畫或課程有什麼特定的優缺點？
4. 改變課程或教學，對學生的表現造成哪些特定的改變？[23]

標準參照測驗的實例同樣請查閱附錄 B。

雖然包括常模參照和標準參照在內的標準化測驗，不足以判
斷學生的整體表現（當然也無法斷定教師效能），但這些測驗能
反映不同層面的學生學習狀況──如習得的基本知識和技能。測
驗所提供的資訊似乎是個好的起點，可供我們區辨有學習困難的
學生，或者區辨在特定內容的教學方面有困難的教師。由於需有
教學互動方面的專業理解，才能明確診斷問題及提供所需協助，
因此標準化測驗不應該用於判定最後的成敗，而應作為相關問題
的指標或資訊來源，以幫助教育者有系統地分析優缺點顯現的模
式。

㈢其他類別的學習評量

其他經常使用的學習評量包括了學習表現的真實評量（authentic
measures）與自行發展的評量（locally-developed assessments）。
真實評量的例子包含書寫的工作樣本、學習檔案樣件（portfolio en-

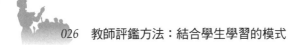

20 tries）及其他實作為本的評量（performance-based assessments）；自行發展的評量則包括教師自編測驗、依年級或科別（如數學）程度區分的測驗及全學區採用的測驗。更多其他類別的評量舉例請見附錄 B。

這些測驗可以輕易相互結合使用，例如實作評量「要求學生透過實作方式創作實際證據，使評量者能針對有關情境中學生的『所知所能』做出有效的評價。」[24] Eisner 建議可一併使用標準化測驗與實作評量，以利同時集中評量學生的基本能力和特殊才能。如此一來，前者可提供比較的資訊，而後者可促進對學生學習的個別化反思，兩者彼此互補——藉著提供不同觀點的學生能力描述以及承認兩種評量在公共教育方面的不可或缺。

三、如何連結教師評鑑與學生學習

某幾個州及學校系統已經開始建立學生學習和教師評鑑的連結，他們採用的方法各不相同，從高度系統化的方式到個別量身訂做的都有。本節將簡述其中的四套方法，這些方法各有已經發展成形的特色，用以增進學生學習評量及其結果應用策略的公平性（見表2.1）；在評鑑方法取向上，範圍從奧瑞崗州教師工作樣本分析法的偏向質化取向，跨越到田納西州加值評鑑系統的高度實證取向；而學生學習評量工具的類別也有不同，本書第三至六章會分別詳述每套方法，以下僅簡要介紹其各別特色。[25]

㈠以學生學習評鑑教師素質：奧瑞崗教師工作樣本分析法

奧瑞崗教師工作樣本分析法（TWSM）的遠大目標，在找出

表 2.1　各教師評鑑方法的主要特色

實務問題	奧瑞崗州：工作樣本分析法模式	湯普生學區（科羅拉多州）：標準本位模式	亞歷山卓學區（維吉尼亞州）：學生學業目標設定模式	田納西州：加值評鑑系統
本方法的基礎是什麼？	以教學前和教學後的測驗評量學生的成長，評量方法依據預期學習結果，選定特定背景和策略。	以標準化測驗和非正式評量設定學習目標的基準，並在教學前後評量學生表現。	教師績效的評量透過：(1)教師在既定工作標準方面的表現；(2)以每年學生進步成績的前測和後測蒐集學生成績的資訊。	學生在學習評量上的成長和自己之前的成長率比較，並且按照各班、學校及學區統計成長率。
學習評量的工具是什麼？	依賴真實的教室評量以記錄學生的學習。	● 科羅拉多州評量辦法：三至十年級 ● 標準參照測驗 ● 教室評量	學生評量方式依年級和教師的指定而不同，包括： ● 維吉尼亞學習標準為本測驗的標準 ● 標準參照測驗 ● 教室評量 ● 常模參照測驗	● 田納西綜合評量辦法（每年、三至八年級） ● 高中結業測驗 ● 寫作測驗
評鑑方法如何運作？	使用進步分數計算學生的學習。	在評鑑過程要求提交並審查以進步分數為基礎的學生學習證據。	學生成績的目標設定包括： ● 為每位學生設定成就表現的基準資料 ● 決定教學策略以聚焦在每位學生的學習需要 ● 課程或學年結束時進行評量以決定學生的學業進步情形	使用資料統計分析以產生： ● 學校系統的報告 ● 個別學校層次的報告 ● 個別教師的報告 ● 測驗結果是一項資訊，但不會是廣泛評鑑過程的唯一資訊

（續）

實務問題	奧瑞崗州：工作樣本分析法模式	湯普生學區（科羅拉多州）：標準本位模式	亞歷山卓學區（維吉尼亞州）：學生學業目標設定模式	田納西州：加值評鑑系統
評鑑方法的目標是什麼？	加強形成性與總結性的教師反省及自我評鑑。	強調改進教師績效。本週期的評鑑結果連結到下一週期評鑑的專業發展。	目標設定意在透過教師專業發展改善教學的品質與效能，進而改進學生的學習。	教師專業發展聚焦在加強學生的學習。焦點是學生的成長。

資料來源：Hindman, J., Strong, J., and Tucker, P. (2003). Raising the bar. *Virginia Journal of Education, 97* (3), 6-10.

更好的方法來評鑑教學及其連結到學生學習的複雜狀況，「TWSM的設計在針對教師期望的學習結果來描述學生的學業進步情形，這些學習結果需要教師付出足夠的長期教學時間才會產生明確的進步。」[26] 因此，TWSM 要求教師擴大記錄工作的樣本，包括：

1. 教學背景的敘述。
2. 期望的學生學習結果。
3. 教學計畫及教學資源。
4. 學習評量的使用。
5. 學生達到的學習成長。

再者，評鑑過程要求教師依據每一位學生達到的學習成果，反省自己的教學及成效。

㈡在標準本位的環境中評鑑教師素質：科羅拉多州湯普生學區的經驗

　　科羅拉多州湯普生學區的教師評鑑辦法是一套簡明易懂的標準本位評鑑系統，它以學生學業成就作為檢視教師績效的唯一因素，而學習目標的基準設定，同時採用標準化測驗和非正式評量工具——後者用於實作評量。學生的學習成績由教學前與教學後的評量取得，評量題目則出自學科學習標準（content standards）（譯註：沿用美國紐約市教育局的中譯）。在教師與校長參加的年度評鑑會議舉行之前，教師必須繳交以進步分數為主的學生學習證明，以作為評鑑週期中審核的部分資料，而週期評鑑的結果會連結到下一年度的教師專業成長計畫，如此一來，改善教師績效就成為本辦法的特徵。

㈢經由目標設定評鑑教師素質：維吉尼亞州亞歷山卓學區的經驗

　　亞歷山卓學區公立學校系統的績效評鑑辦法（Performance Evaluation Program, PEP）是一套綜合的評鑑辦法，其設計目的在描述複雜的教學。此套評鑑辦法包括四個部分：正式的觀察、非正式的觀察、教學檔案及學生學業目標設定。第四部分的學業目標設定，意在連結教師教學與學生成績，其策略為要求教師在學生的學業進步方面設定整個年度的量化目標。就一套加值的學生成長模式而言，本系統的學業目標設定隨著教學目標取決，能配合實際採用的班級與教師而改寫，評鑑的過程則強調專業成長和改進學生成績，教師在評鑑過程中可採用下列原則決定學生的學

24

業目標：

1. 確認設定的教材內容範圍。
2. 使用所有最可行的方法蒐集學生表現的基準線（baseline）資料。
3. 依據基準線資料設定學生學業表現目標。
4. 決定能達到學業表現目標的教學策略。
5. 依據決定的教學策略進行教學。
6. 在課程或學年結束時評量學生的學業表現。
7. 將學生最後的學習結果與基準線的資料比較，以評量學生的進步情形。

㈣以學生的進步評鑑教師素質：田納西州的加值評鑑系統

田納西加值評鑑系統（TVAAS）的發明人是 William San-ders，他把學生成就測驗分數的成長或進步轉換為統計模式使用，捨棄以固定的標準進行統計，而完整的評鑑系統會提供二至八年級學生逐年的學習評量資訊。以豐富的資料來源為基礎，TVAAS能把個別學生的學業成長和他自己之前的成長率互相比較，亦即每位學生今年度的成長會與過去幾年的成長做比較。採用TVAAS，所有學生都能幫助自己掌握學習的進步，因為此套模式假定學生每學年都有相同的學習潛力；學生的平均進步以教師為層次進行統計，以判定預期的學生學習成效是否達成，而且這些資訊其後被用於協助教師發展自己的專業成長計畫。

㈤比較四種教師評鑑取向　　　　　　　　　　　　　*25*

　　所有四種教師評鑑取向都強調使用學習之前和之後的評量，以判斷學習的改進或進步程度。雖然評量學生成績的方法從教師自編測驗到標準化測驗，各不相同，但是在每一套評鑑方法中，學習評量只是教師效能評鑑的多重方法之一，學生成績的資訊基本上是用來調節教學重心和加強專業發展至更好的地步。表2.1摘要了四種評鑑取向的個別特色。

四、結語

　　教師評鑑是當前教育議題的重要部分，雖然傳統上對教師的觀察和評鑑係屬校長及其他主管的主要職責，但教師評鑑的功能在講求績效責任的當前時期已變得更為重要，多關注教學實務及教學對學生學習的影響，也顯然是改善教學品質的標準做法。此外，目前的教師需肩負更多的責任在發展自我的事業上，在理想的情況下，教師與其所屬主管應該合力發展教師評鑑系統，並使這套系統能夠：(1)支持專業繼續發展；(2)確保學校及學校系統的績效責任。總之，在學生學習方面提供更多有組織的資訊，不僅能支持教學目標也能加強評鑑的過程。

註解

1. McConney, A. A., Schalock, M. D., & Schalock, H. D. (1997). Indicators of student learning in teacher evaluation. In J. H. Stronge (Ed.), *Evaluating teaching: A guide to current thinking and best practice* (pp. 162–192). Thousand Oaks, CA: Corwin Press, p. 162.

2. Frymier, J. (1998). Accountability and student learning. *Journal of Personnel Evaluation in Education, 12*, 233–235.

3. Eisner, E. W. (1999). The uses and limits of performance assessment. *Phi Delta Kappan, 80*, 658–660.

4. National Commission on Teaching & America's Future. (1996). *What matters most: Teaching for America's future.* New York: Author, p. 3.

5. Brophy, J., & Good, T. (1986). Teacher behavior and student achievement. In M. C. Wittrock (Ed.), *Handbook of Research on Teaching* (pp. 328–375). New York: MacMillan.

6. Holmes Group. (1986). *Tomorrow's teachers.* East Lansing, MI: Author; Wang, M. C., Haertel, G. D., & Walberg, H. J. (1993). Toward a knowledge base for school learning. *Review of Educational Research, 63*(3), 249–294.

7. See, for example, Darling-Hammond, L., & Youngs, P. (2002). Defining "highly qualified teachers": What does "scientifically-based research" actually tell us? *Educational Researcher, 31*(9), 13–25; Marzano, R. J., Pickering, D. J., & Pollock, J. E. (2001). *Classroom instruction that works: Research-based strategies for increasing student achievement.* Alexandria, VA: Association for Supervision and Curriculum Development; Stronge, J. H. (2002). *Qualities of effective teachers.* Alexandria, VA: Association for Supervision and Curriculum Development. Also, see, Corcoran, T., & Goertz, M. (1995). Instructional capacity and high-performance schools. *Educational Researcher, 24*, 27–31; Rosenshine, B. (1971). *Teaching behaviors and student achievement.* Windsor, England: National Foundation for Educational Research.

8. Wang, Haertel, & Walberg, 1993, p. 275.

9. Wang, Haertel, & Walberg, 1993.

10. Wiggins, G., & McTighe, J. (1998). *Understanding by design.* Alexandria, VA: Association for Supervision and Curriculum Development.

11. Spring, J. (1990). *The American school 1642–1990* (2nd ed.). White Plains, NY: Longman.

12. Spring, 1990.

13. Urban, W., & Wagoner, J. (2000). *American education: A history* (2nd ed.). Boston: McGraw-Hill Higher Education.

14. Coles, A. D. (1999, June 16). Mass-produced pencil leaves its mark. Retrieved February 19, 2004, from www.edweek.org/ew/vol-18/40pencil.h18; Hoff, D. J. (1999, June 16). Made to measure. *Education Week, 21*–27.

15. Coles, 1999.

16. Falk, B. (2000). *The heart of the matter: Using standards and assessment to learn.* Portsmouth, NH: Heinemann, p.4; Urban & Wagoner, 2000, pp. 244–245.

17. Kohn, A. (2000). *The case against standardized testing.* Portsmouth, NH: Heineman.

18. Roderick, M., Jacob, B. A., & Bryk, A. S. (2002). The impact of high-stakes testing in Chicago on student achievement in promotional gate grades. *Educational Evaluation and Policy Analysis, 24*, 333–357, p. 333.

19. Carnoy, M., & Loeb, S. (2002). Does external accountability affect student outcomes: A cross-state analysis. *Educational Evaluation and Policy Analysis, 24*, 305–331, p. 305.

20. Salvia, J., & Ysseldyke, J. E. (1998). *Assessment* (7th ed.). Boston: Houghton Mifflin.

21. Borg, W. R., & Gall, M. D. (1989). *Educational research: An introduction* (5th ed.). New York: Longman, p. 265.

22. Popham, W. J. (2002). *Classroom assessment: What teachers need to know* (3rd ed.). Boston: Allyn and Bacon, p. 364.

23. Borg & Gall, 1989, p. 265.

24. Eisner, E. W. (1999). The uses and limits of performance assessment. *Phi Delta Kappan, 80*, 658–660, p. 659.

25. The descriptions for Oregon, Thompson, CO, and Tennessee are adapted from the article: Tucker, P. D. & Stronge, J. H. (2001). Measure for measure: Using student test results in teacher evaluations. *American School Board Journal, 188*(9), 34–37.

26. Schalock, H. D., Schalock, M. D., & Girod, G. (1997). Teacher work sample methodology as used at Western Oregon State University. In J. Millman (Ed.), *Grading teachers, grading schools: Is student achievement a valid evaluation measure?* (pp. 15–45). Thousand Oaks, CA: Corwin Press, pp. 18–19.

3

以學生學習評鑑教師素質：奧瑞崗教師工作樣本分析法

教不好一個小孩，就等於損失一個小孩。

——John F. Kennedy

奧瑞崗教師工作樣本分析法（TWSM）的遠大目標，在找出更好的方法來評鑑教學及其連結到學生學習的複雜狀況。我們選擇介紹這套模式的理由之一是，它可以提供有系統的方法及策略，來評鑑教師的工作和學生學習成果的真實樣本；另一個介紹這套方法的理由則是，它同時適用於有志教職者（prospective teachers）和新任教師。

一、TWSM 的目的及發展經過

TWSM 的設計在加強形成性與總結性的教師反省及自我評

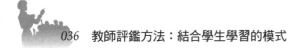

鑑，兩者都是「教師專業發展的重要部分，而該系統促使教師專注於學生的學習，並將其視為教學的基本目的與優質教學的標準」。[1] Del Schalock 是 TWSM 的主要發展者之一，他在提到教學與其產生的學習之間的重要關係時指出：「支撐醫學的是治療，不是醫師所使用的醫術。」[2] 在這個醫學的比喻中，績效責任與改善的焦點在於介入治療的後果，極少涉及介入的過程本身。同樣地，反映在 TWSM，教學與教師評鑑的顯著目的聚焦在教學的影響，以及提供教與學之間的直接連繫。簡言之，TWSM 的發展乃基於「假定教學工作在回答『學童現在有進步嗎？』」[3]

在奧瑞崗州，TWSM 是教育革新的結果，一九九一年該州通過一項教育革新的法規，要求學校教育「大幅重建以利所有學生能夠達到高標準」。[4] 為符合法令規定，奧瑞崗州教師標準暨實務委員會（Teacher Standards and Practices Commission）重新制定一套反映標準本位學校教育的教師執照取得規定，並且據此發展出一套教師評鑑方法，由於該方法「對新進教師有意義……並以教師實際的複雜工作為基礎，故之後命名為教師工作分析法」。[5]

至今 TWSM 絕大部分的發展乃出於職前教師的應用經驗，同時也被用於初任教師執照申請的教學專業能力評鑑，然而，TWSM 和許多教師評鑑方法類似，都採用教學檔案及其他的教師工作樣本作為評鑑工具。由於教學檔案頗具真實性，Kenneth Wolf 及其同儕曾描述它是「受歡迎程度增加的評鑑工具與專業發展工具」，[6] 同樣地，奧瑞崗 TWSM 的發展者和研究者認為此系統的評鑑過程「很貼近教師的工作」：[7]

若備齊文件，教師工作樣本可被看成是精錬的、範圍有

27

限的及有所不同的教師檔案……例如教師檔案涵蓋的時
間往往相當長（如整個學年，且保留一些前幾年的佐證
資料，但工作樣本只專注於短期的教學）。更重要的是，
教師檔案包括了教師工作及專業發展的廣泛資料，而
TWSM 的設計只要求教師集中在少數（選擇的）主題
……*8*

發展於西奧瑞崗大學的這項教師效能研究專案，其目的是要　*28*
創造：

> 一個發展完整、有效及可靠的 TWSM，俾便提出一套概
> 念架構，讓教師及師資培育課程（職前與在職教育）能
> 藉以思考、學習、練習及證明他們在幾個學校教育方面
> 的熟練能力。TWSM 的設計是一套能發揮研究與訓練功
> 能，以及教師評鑑與考領執照功能的方法。*9*

考慮到發展 TWSM 的用意在建立有效可靠的教師評鑑方法，
以適合包括形成性與總結性評鑑在內的多重目的，以下我們將簡
短地介紹這些技術特性的證明，然後再介紹 TWSM 系統的運作方
式。

㈠信度證明

信度的核心待答問題是：「這套方法能產生一致的結果嗎？」
TWSM 的發展者了解，作為工作樣本的作品與表現必須獲得一致
性的評分結果，為解決此一棘手問題，他們檢驗了大學與中小學

實習輔導教師對實習教師工作樣本的評分（針對教室教學表現），發現兩者的一致性高達81%至98%。*10*

㈡效度證明

TWSM 的發展者討論了幾種不同的效度證據——效度是指評量出擬評量之結果的程度，表3.1是討論結果的彙整表。*11* 而在總結 TWSM 的技術發展時，他們做出下列說明：

29

表3.1　教師工作樣本分析法的效度證明

效度類別	TWSM 發展者提出的效度證明
表面效度：用來評鑑績效及作品品質的評分說明之外觀、相關性及清晰度。	來自教師焦點團體的回饋指出，經過他們整體仔細了解，TWSM 既合理又能反映「實際的教師工作」，因此在表面上，評鑑過程是合宜的。
內容效度：TWSM 和教師的實際工作事項，以及效能教師的各類知識與技能項目，能夠達到一致的程度。	將 TWSM 評量教師工作熟練度的工具加以分析，然後和其他幾種有關教學效能的可行架構（accepted frameworks）比較之後，發現 TWSM 和其他不同架構的吻合度頗高，這些其他架構的提出單位包括了 Scriven 的教師職責（DOTT）*、教育測驗服務中心**，以及全國專業教學標準委員會***。
建構效度：指 TWSM 和教學與學習的哲學達到一致性的程度。這些哲學體現在本州教師執照主管機關的政策，以及更廣的全州學校教育制度之中。(註1)	TWSM 的設計把焦點放在學生學習是教學的核心目的及結果，為評量此種教與學的關連，TWSM 的研究者採用迴歸分析法分析教師自陳報告的學生學習觀察紀錄，發現教師工作樣本的數據能解釋所觀察到的學生學習差異，其能夠解釋的變量介於25%（三至五年級）到59.5%（六至八年級）之間。這些資料顯示教師確實對學生的學習產生可測量的影響。

（續）

效度類別	TWSM 發展者提出的效度證明
*Scriven, M. (1994). Duties of the teacher. *Journal of Personnel Evaluation in Education, 8*, 151-184. **Danielson, C. (1996). *Enhancing professional practice: A framework for teaching*. Alexandria, VA: Association for Supervision and Curriculum Development. ***National Borad for Professional Teaching Standards.(1989). *Toward high and rigorous standards for the teaching profession*. Washington, DC: Author.	
註 1： 儘管以比較 TWSM 與奧瑞崗州核發教師執照的理念來說明 TWSM 的建構效度，用意恰當，但是應用 TWSM 評鑑在職教師時，建構效度的定義會比所預期的狹隘。	

資料來源：由西奧瑞崗大學准予重印。

　　就 TWSM 得到的大部分數據看來，內容（表面）效度和建構效度不成問題，只要使用者對教師績效或效能的推論，不超出特定工作樣本的範圍。如果有人希望做推論，也有強烈的傾向需要做推論，則牽涉到兩方面同樣重要的技術問題——確保教學背景與預期學習結果的取樣適當，以及選用適當的評量工具。[12]

　　雖然 TWSM 的效度證明令人鼓舞，但值得注意的是預測效度 ⟨30⟩（predictive validity）尚待建立（預測效度是指 TWSM 產生的結果能預測在職教師效能的程度）。[13] 因此，儘管 TWSM 的前景看好，其應用仍需通過效度證明，以利於正確區辨教師未來的績效。

二、TWSM 評鑑方法的運作

奧瑞崗教師工作樣本分析法榮根於「結果為本和脈絡依賴」（outcome-based and context-dependent）的教師效能理論，*14* 其設計需要教師及其評鑑者在下列問題達到一致：

1. 我要學生完成的學習結果是什麼？
2. 這些學生適合或需要哪些活動和教學方法來達成學習結果？
3. 我需要哪些資源及多少教學時間來實施這些活動或教學方法？
4. 當使用這些教學方法時，哪些評量活動或方法適合這些學生及學習結果？
5. 在幫助學生達到預期的學習結果方面，我有多成功？
6. 哪些事情進展順利？哪些事情出差錯？為什麼？*15*

㈠實施程序

「作為一種評鑑取向，TWSM 的設計在針對教師期望的學習結果來描述學生的學業進步情形，這些學習結果需要教師付出足夠的長期教學時間才會產生明確的進步。」*16* 因此，TWSM 要求教師記錄大量的工作樣本，這些樣本必須包括教學背景的敘述、期望的學習結果、教學計畫及教學資源、學習評量的使用、以及學生在學習目標方面達到的學習成長；再者，評鑑過程要求教師 *31* （及有志教職者）「就班上每位學生的學習成果，評量及反省自己的績效……」。*17* 因此，TWSM 很重要的一面是試圖超越教與

學的過程和結果，其設計是要鼓勵、甚至要求教師在持續努力改進教學的藝術與科學之際，必須有效反省其工作。

「簡言之，TWSM 要求教師思考、發展、實行、記錄及呈現可作為教師效能證明的工作樣本。」[18] 此過程的核心特徵是記錄學生的學習進步，而作為一種真實應用的教師績效評鑑方法，TWSM 要求教師實施下列九個步驟：

1. 定義所要描述的教學與學習實務之樣本。
2. 在取樣的工作中區分出要求學生應達成的學習結果。
3. 考慮教學後的結果，在教學前先評量學生的學習狀況。
4. 使教學及評量與擬定達到的學習結果彼此一致。
5. 描述產生教學和學習的情境脈絡。
6. 適應教學情境的需要，選用預期的教學目標與相關的教學及評量計畫。
7. 實施經過適當設計且符合情境的教學計畫。
8. **評量教學後的學生成就，並以個別學生為基礎計算其達到的學習成長。**
9. 摘要、解釋及省思學生的學習成長以及其他的學習評量資訊。

第八個步驟特別以粗體字列出，「旨在強調 TWSM 向本州所有公民宣告，其在『教師效能』的定義中已將學生學習進步的概念納入並予凸顯。」[19]

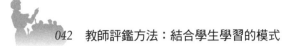
㈡計算學生學習進步的公式

TWSM 採用進步分數（gain score）為單位計算學生的學習，並藉以推斷教師對學習的影響。根據全班學生的前測分數（pretest scores），教師依此先算出每位學生的百分比換算分數（percentage correct score），然後：

32
1. 將教學前的測驗得分列表顯示其範圍。
2. 將分數分為高、中、低得分群。
3. 計算每一群組的平均分數和全班的平均分數。

使用教學前測分數的資料為基準線，教師可將自行編製和符合課程的學習評量加以標準化，其方式為計算每位學生的「學生成長指標」（Index of Pupil Growth, IPG）。此指標是由 Jason Millman[20] 發明的簡單十進位量尺（metric），目的在以百分數顯示每位學生確實達到的潛在成長，其算式如下：

$$\frac{（換算後的百分數）-（換算前的百分數）}{（100\%-換算前的百分數）}$$

將上列公式乘上 100 就可得到從 -100 到 +100 的數值，負數表示後測的得分低於前測，正數表示後測的得分高於前測，而 +100則表示後測得到滿分——不論前測的表現如何。學生得到負分的機會很小，大部分數值都落在 +30 到 +80 之間。[21]

㈢ TWSM 運作方式示例

　　TWSM 的概念及評分指標如何應用於評量教師工作？表 3.2 某一所小學的生命科學教學工作樣本實例，可能可以說明這個過程。**22**

表 3.2　小學生活科學「蜘蛛」單元的教學工作樣本　　*33*

工作樣本的主要部分	樣本細節
教學背景資訊	●學校及教室的描述 ●學生的族裔分布
單元大綱	●單元教學理念 ●學習目的及目標 ●教材內容順序圖解 ●單元教學計畫細節（如教材、教學活動順序、時間分配） ●擬定使用的教材
學生評量計畫	●前測和後測的程序 ●教學與評量一致化的矩陣圖解（matrix） ●學生作業的評分說明
工作樣本評量結果	●學生作品樣本 ●每位學生的學習進步淨值（後測分數－前測分數＝學習進步分數） ●各學生群組的學習進步淨值
教學反省	●學習評量之分析──對學生學習結果的摘要敘述及檢討 ●反省報告──以記述方式討論哪些部分進展良好、哪些出差錯，以及如何在未來單元中改進

資料來源：由西奧瑞崗大學准予重印。

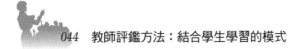

㈣僅用一類資料判斷教師效能

TWSM 是一套高度結構化又相當複雜的評鑑方法，雖然如此，在幾項不同的資訊來源之中只有一項被用於判斷教師效能。「教師工作樣本分析法是一套擴充應用的績效評量方法，它包含了多重的績效項目。對有志教職者……評鑑結果可被當作一項證明來源，用來判斷其在特定基準線增進的教學熟練度……」[23] 要取得奧瑞崗州初任教師執照，至少需要兩項教師工作樣本及其他相關評量才能完成 TWSM 的評鑑，本書介紹的其他三種教師評鑑方法則要求多重的績效評量，包括加州基本能力測驗（California Tests of Basic Skills）和 Praxis 教師檢定考試系列（Praxis assessment series）等標準化評量。

表 3.3 摘要 TWSM 採用的主要評鑑過程及工具規格（protocols），具體的評鑑方法及工作樣本請見附錄 C。

34

表 3.3　教師工作樣本分析法的工具規格指南

工具規格	規格簡述
TWSM 過程與結果模式（TWSM Product & Process Model）	此圖解提供的模式為工作樣本分析法的步驟摘要。
工作樣本的使用方法（Work Sample Methodology）	這份文件詳細說明如何運用 TWSM 來設計標準本位課程。
工作樣本評分表（Work Sample Scoring Scale）	此評分表包括工作樣本六個表現層次之描述語（descriptors）。

資料來源：由西奧瑞崗大學准予重印。

33

、TWSM 的優缺點

為了解 TWSM 的優點和缺點，我們檢視 TWSM 發展小組出版的研究報告，以及對教師評鑑有興趣的知名學者對 TWSM 評鑑過程的批評。[24] 我們也訪談這套方法的發展者、使用過 TWSM 的大學教師、以及曾經接受過評鑑的實習教師。茲將主要的優點和缺點列述如下。

（一）優點

這套評鑑方法的優點集中在，由 TWSM 造成的教學行為與學生學習經驗之外顯關連：

1. 它提供自然而然連接教學與學習的合理方法

「據我們的觀點，樂觀相信 TWSM 是一套評鑑取向的理由，和憂心它不是的理由一樣多……首先是這套方法合情合理，無論從教師、家長、學校行攻人員、學校教育委員會成員或全體民眾的觀點而言。它紮根於終極利益的標準（學生的學習）；它將學生學習、教師工作及教學情境的現實都連結起來；它明確結合學生學習評量、教師所教及預期的學生所學，它也提供關於教師績效和教師特質的資訊，這些資訊被認為和學生學習有關。」[25]

2. 評鑑過程依賴更多自然發生的學習

「TWSM 和教師教學與學生學習息息相關，但無關跨群組的學生成績比較。它是本土發展的教師工作與學生學習的評量方法，其結果在證明學生的學習。」[26] 使用 TWSM，教師能顯示其是否有能力發展及應用優質的績效評量。在高利害相關的評鑑中，州

35

政府及學區主管當局可能會將這類的教師自我評鑑證據，和更多客觀蒐集而來的不同資訊放在一起考慮。[27]

3. TWSM 將教學情境視為教學評鑑的主要部分

「TWSM 允許在評鑑過程中考慮教學情境，例如分析學生群組和反省教學環境。它有助於解釋學習的進步或退步，也幫助教師專注於所有學生的需求。」[28]

4. 協助教師將工作聚焦於優質的教學

TWSM 的目的在建構教師的自我反省過程以加強教學，又因為需要分析教師工作樣本，視導員與教師的討論會議可以（也應該）聚焦在學生學習──此為優質教學的核心。

5. 促使教學目標與實務一致

如同某位接受訪談的教師所言，「TWSM 促使教學目標與實際的教學趨於一致」。[29]「州政府執行要求使用工作樣本的政策，其主要優點是提高對評量及改善學生學業進步的重視。」[30]

6. 教與學的連結使學習評量嵌入日常教學之中

「TWSM 告知教師應做哪些工作，告知學生其學習表現所在位置及該努力的方向，它也幫助學生建立自我管理學習的能力。」[31]

7. 對形成性教師評鑑提供有價值的工具

TWSM 被視為一套評鑑方法，能鑑別教師所知與所能，同時也是引導教學專業發展的工具。

8. 鼓勵教師反省及參與行動研究

TWSM 的主要益處之一是，鼓勵甚至要求教師反省其教學能力。有位教師提到：「我的進步自始至終都是有趣的，評鑑過程使我思考從未想過的事情」。[32] TWSM 提供機會讓教師使用「動手做的評鑑（hand-made assessments），幫助教師在教學後觀察結

果並反省其過程」。[33]如同 Linda Darling-Hammond 在評論教師工作樣本分析法時所言，「此套教師評鑑方法的價值，在指引實務工作者仔細評鑑教學實務、教學的脈絡情境及結果，包括有系統地思考學生和教師的工作。我確信這會鼓勵教師以非常有成效的方式反省自己的工作，以利發展特定的實務和具診斷力的思考習慣」。[34]

(二)缺點

TWSM 的缺點集中於技術層面的疑慮，主要涉及績效評量是否帶有非標準的特質、評鑑需要時間，以及對於教學內容和學習評量缺乏定義等。

1. TWSM 的應用型績效評量，很難提供傳統的信度和效度證明

如前節所述，像 TWSM 的應用型績效評量，傳統的信度和效度檢測成為很令人憂慮之事，TWSM 採用結構鬆散、非標準的學習評量過程，也使得此套評鑑方法的比較性、一致性及正當性都有待大幅改進。

2. TWSM 鼓勵教師自行發展優質的學習評量方法，是一項難以實踐的任務

我們主要擔心的是教師自編前、後測學習評量的品質，[35]「如果學習評量品質惡劣又與課程不一致，此套評鑑方法將無法證明教學結果」。[36]

3. 以複雜的教學樣本欲達到評分者間信度（inter-rater reliability），相當困難

本章前面部分曾提到 TWSM 評分者間的一致性令人放心，但是信度問題會一直是順利實施 TWSM 之類評鑑的挑戰，此難題的

部分解決，要靠能否設計出更好的教師工作樣本評分方法和學生學習進步評量方法，其他有力的解決方案則是把評鑑者訓練得更好。然而，在質化資料的分析之中，仍存在信度問題。

4. 為評量教學不同層面而採用的目標，可能會限制教學內容

學習評量策略的易得易用，可能以始料未及的方式直接限制課程與教學，「教學、學習評量及學生學習週期等範疇內可被評量的事項，會決定這些方面的目的和目標，因此教學目標超越知識的吸收很重要，目標應擴及概念的獲得及應用」。[37] 尚不確知「教師選擇容易達到的教學目標或者只教後測考試內容的程度到底如何，雖然結合目標、教學及評量很要緊，但是目標本身必須有意義和價值」。[38]

5. TWSM 要求的前測策略可能是不必要的限制因素

「一旦訂妥教學目的、目標及前測，即使學生不同的學習需求都照顧到了，教材教起來仍可能覺得受限制，因此，教學必須有彈性。」[39]

6. 使用 TWSM 會使教學的設計、發展、實施及評量需要投入許多時間

簡言之，「準備工作樣本耗費大量的工作」。[40] 不僅教師花時間準備工作樣本，瀏覽及提供回饋的行政人員也是如此。

7. 雖然 TWSM 對教師的工作樣本能提供真實而有深度的評量，但對於做出高利害關係的決定則顯得過窄及欠缺控制

「TWSM 對實習教師提供的協助太少，不利其在單元教學中監控學生的學習。發展這麼久，它只考慮到實習教師教學的少數情況。」[41] 「TWSM 的學習評量並非控制的或標準化的，教師本身對評量內容和績效層面影響很大。」[42]

8.評鑑系統使用進步分數有其內在的評量問題

「IPG（學生成長指標）是用來評量學生的學習進步，然而，原始進步分數未能直接指出教師對學生的進步有單獨的貢獻，其他因素也可能影響學習的進步，包括學生的先備知識、社會經濟地位、語文熟練度、教室資源及其他相關因素。」[43]

四、TWSM 的實施結果

雖然有一些使用上的告誡提示，教師工作樣本分析法的應用結果其實頗振奮人心。TWSM 對於有效教學和學生學習的連結，符合邏輯又能隨著教師工作自然成長。如同有位實習教師所言，「當我注視著學生的學習，它改變了我在專業發展的定位和方向，以便符合學生的需要」。[44]

38

迄今，工作樣本分析法的使用已締造幾項值得記錄的成就。其一，所蒐集的證據指出，TWSM「在奧瑞崗州有充分的內容效度和建構效度」。[45]類似此種消息令人鼓舞，如果 TWSM 被評價為符合奧瑞崗州嚴格的標準本位師資革新政策，就有可能將 TWSM 推廣到其他推動標準本位革新的各州。事實上，「有幾個州已經採用或正在採用教師工作樣本，作為教師申請執照或教師專業發展所需的主要文件」。[46] 最後，「教師工作樣本分析法最被看好的一些應用……出現在教師的專業繼續發展，TWSM 被同時用作專業發展的工具……以及評鑑專業發展方案的工具」。[47]

雖然奧瑞崗州的 TWSM 評鑑取向頗有發展前途——尤其特別適合初任教師使用，但是關於教師評鑑方面的應用必須謹慎看待，截至目前，有關 TWSM 的研究都以實習教師為主要參與者，並非

在職教師；同樣地，TWSM 的焦點一向在評鑑即將進入教職的準教師的稱職程度，而非評鑑有經驗教師的效能。雖然如此，更多的證據指出，奧瑞崗州為師資培育和核發教師執照而發展的「績效責任」制度，正在達到預期的正面成果：

> TWSM 是一套非常能夠確保初任教師素質及效能的評鑑方法，它聚焦在教師……學生學習之上。最後，它正在創造新世代的教師，這些教師被導入一種將個人及專業績效與學生學習結合的文化之中。[48]

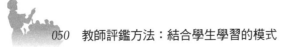

五、結語

整體而言，對奧瑞崗教師工作樣本分析法的各種不同評論，大致認為它是有用的教師評鑑方法，但如果想在未來大幅推廣應用，它在技術和實務方面的疑慮需要再予處理。儘管如此，TWSM 模式的潛在價值是確認的，我們相信以下的評論（有些來自該系統的發展者、有些來自批評者），這些評論對於這套方法在連結教師的真實工作與學生學習的能力方面，提供了總結反思：

1. 「西奧瑞崗大學的教師效能研究反映了正確又漸增的共識，那就是，教師評鑑應當直接聚焦於改進學生的學業成就。」[49]

2. 「同樣重要，從教師觀點而言，我們相信 TWSM 教師評鑑方法及其各種應用能加強教學專業化。學生學習一直是、也應該繼續是教師專業發展的檢驗標準，而 TWSM 提供了

更有意義、更正當有理的教與學連結策略。」[50]

3. 「諷刺的是，雖然有其限制，TWSM 卻是目前可用的最佳教師評鑑技術之一，在學生學習結果為本的教師效能評鑑方法中，TWSM 比其他大多數的教師評鑑方法更有系統、更實用。在教師評鑑的現況中，這種評論發人深省。」[51]

4. 「奧瑞崗工作樣本分析取向具有下列值得推薦的理由：它的確專注在教學，而且是在教師教學目標、教室情境及學生學習的脈絡之下；至於學生成就的評量方法則在連結學習和欲實踐的教育目的。就兼顧教師成長的合理教師評鑑策略而言，在這些方面……TWSM 遠遠勝過其他的取向。」[52]

註解

1. Airasian, P. W. (1997). Oregon Teacher Work Sample Methodology: Potential and problems. In J. Millman (Ed.), *Grading teachers, grading schools: Is student achievement a valid evaluation measure?* (pp. 46–52). Thousand Oaks, CA: Corwin Press, p. 47.
2. All interviews for this chapter were conducted on June 11, 1999. Del Schalock, Teaching Research Division, Western Oregon University, personal interview.
3. Del Schalock, personal communication, June 11, 1999.
4. McConney, A. A., Schalock, M. D., & Schalock, H. D. (1998). Focusing improvement and quality assurance: Work samples as authentic performance measures of prospective teachers' effectiveness. *Journal of Personnel Evaluation in Education, 11,* 343–363, p. 345.
5. McConney, Schalock, & Schalock, 1998, p. 345.
6. Wolf, K., Lichtenstein, G., & Stevenson, C. (1997). Portfolios in teacher evaluation. In J. H. Stronge (Ed.), *Evaluating teaching: A guide to current thinking and best practice* (pp. 193–214). Thousand Oaks, CA: Corwin Press, p. 193.
7. McConney, A. A., Schalock, M. D., & Schalock, H. D. (1997). Indicators of student learning in teacher evaluation. In J. H. Stronge (Ed.), *Evaluating teaching: A guide to current thinking and best practice* (pp. 162–192). Thousand Oaks, CA: Corwin Press, p. 173.
8. McConney, Schalock, & Schalock, 1997, p. 172.
9. Western Oregon University. (n.d.). *Teacher Effectiveness Project: The reliability and validity of Teacher Work Sample Methodology: A synopsis.* Monmouth, OR: Author, p. 1.
10. Western Oregon University. (n.d.), p. 9.
11. Western Oregon University. (n.d.), pp. 10–11.
12. Schalock, H. D., Schalock, M., & Girod, G. (1997). Teacher Work Sample Methodology as used at Western Oregon State University. In J. Millman (Ed.), *Grading teachers, grading schools: Is student achievement a valid evaluation measure?* (pp. 15–45). Thousand Oaks, CA: Corwin Press, p. 35.
13. Western Oregon University. (n.d.), p. 11.
14. Cowart, B., & Myton, D. (1997). The Oregon Teacher Work Sample Methodology: Rationale and background. In J. Millman (Ed.), *Grading teachers, grading schools: Is student achievement a valid evaluation measure?* (pp. 11–14). Thousand Oaks, CA: Corwin Press, p. 18.
15. Schalock, Schalock, & Girod, 1997, p. 18.
16. Schalock, Schalock, & Girod, 1997, pp. 18–19.
17. Western Oregon University. (n.d.), p. 3.
18. McConney, Schalock, & Schalock, 1997, p. 171.
19. McConney, Schalock, & Schalock, 1997, p. 171.
20. Millman, J. (1981). Student achievement as a measure of teaching competence. In J. Millman (Ed.), *Handbook of teacher evaluation* (pp. 146–166). Beverly Hills, CA: Sage Publications.
21. Schalock, Schalock, & Girod, 1997, pp. 22, 24–25.
22. Our appreciation is extended to Rose Maxey for graciously allowing us to use a Work Sample she developed for a 3rd–4th grade combination class at Washington Elementary School, Salem-Keizer School District (OR), in this illustration.
23. Western Oregon University. (n.d.), p. 3.
24. See Millman, J. (1997). *Grading teachers, grading schools: Is student achievement a valid evaluation measure?* Thousand Oaks, CA: Corwin Press.
25. Schalock, Schalock, & Girod, 1997, p. 36.
26. Susan Wood, Western Oregon University, personal interview.
27. Stufflebeam, D. L. (1997). Oregon Teacher Work Sample Methodology: Educational policy review. In J. Millman (Ed.), *Grading teachers, grading schools: Is student achievement a valid evaluation measure?* (pp. 53–61). Thousand Oaks, CA: Corwin Press, p. 58.
28. James Long, Western Oregon University, personal interview.
29. Sabrina Walker, Western Oregon University, personal interview.
30. Stufflebeam, 1997, p. 59.

31. Del Schalock, Western Oregon University, personal interview.
32. Susan Wood, Western Oregon University, personal interview.
33. James Long, Western Oregon University, personal interview.
34. Darling-Hammond, L. (1997). Toward what end? The evaluation of student learning for the improvement of teaching. In J. Millman (Ed.), *Grading teachers, grading schools: Is student achievement a valid evaluation measure?* (pp. 248–263). Thousand Oaks, CA: Corwin Press, p. 257.
35. Airasian, 1997, p. 47.
36. Robert Ayers, Western Oregon University, personal interview.
37. Rose Maxey, Western Oregon University, personal interview.
38. Airasian, 1997, pp. 49–50.
39. Rose Maxey, Western Oregon University, personal interview.
40. Rose Maxey, Western Oregon University, personal interview.
41. Stufflebeam, 1997, p. 57.
42. Stufflebeam, 1997, p. 58.
43. Airasian, 1997, pp. 49–50.
44. Sabrina Walker, Western Oregon University, personal interview.
45. Schalock, M. D. (1998). Accountability, student learning, and the preparation and licensure of teachers: Oregon's Teacher Work Sample Methodology. *Journal of Personnel Evaluation in Education, 12,* 269–285, p. 279.
46. Schalock, M. D., 1998, p. 279.
47. Schalock, M. D., 1998, p. 280.
48. Schalock, M. D., 1998, p. 283.
49. Stufflebeam, 1997, p. 60.
50. Schalock, Schalock, & Girod, 1997, p. 38.
51. Stufflebeam, 1997, p. 61.
52. Darling-Hammond, 1997b, p. 256.

在標準本位的環境中評鑑教師素質：科羅拉多州湯普生學區的經驗

教育是最有力的武器，你可以用它改變世界。

——Nelson Mandela

　　和其他的教師評鑑方法比較，科羅拉多州湯普生學區的教師評鑑辦法直接明瞭，實施起來比較不複雜而且費用比較低，事實上，本書將這套辦法列為探討的個案之一，就是因為它簡單好用。湯普生評鑑法很容易了解，而且學區的財政能力就足以施行，考慮到該學區採用這套標準本位的教師評鑑辦法之後，使學區享受到有品質的成果，這套辦法應被視為方法有效且經濟上又行得通的績效責任模式。

　　位於科羅拉多州拉弗連（Loveland）的湯普生 R2-J 學區，在許多方面就和美國大多數的學區一樣：教育當局對學區學生有無限的教育願景，但卻缺少財政收入。位居丹佛市以北約四十公里

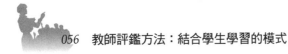
處，離洛磯山國家公園只有數里之遙，湯普生學區的組成包括二十八所學校、略超過一萬五千名的學生；在二〇〇二至二〇〇三會計年度，該學區每位學生的平均教育經費大約是美金五千五百七十五元，在科州算是經費最低的，而在全國的比較也屬於偏低；此外，教師的薪資也比鄰近許多學區來得低。除了財政上的限制之外，傳統上這個學區的學生學業成就高於其他社會經濟地位相等的學區，雖然如此，拉弗連地區的家長、學校教育委員會成員、教育主管及教師，都相信他們的子弟能表現得更好。

 一、湯普生學區模式的目的及發展經過

為符合科羅拉多州的議會要求──州內各學區應發展評鑑學區及學區教職員的書面評鑑工具，[1] 湯普生學區教育委員會在開始發展評鑑時，[2] 就擬訂下列簡短聲明來指導教師評鑑辦法的期望、設計及實施：

> 教育委員會、行政單位、教職員及父母們許下承諾，盡可能為我們的學生提供及維持最好的教育。卓越教育計畫的重要指標之一是學區內教學人員的能力和專業水準，本學區了解教學是非常複雜的過程，評鑑學校教師的績效是一項具挑戰性的嘗試，但是此種評鑑對於教育目標、學生的成就及福祉至關重要。

除了這項統括一切的信念宣示之外，教育委員會對於評鑑辦法也有幾項各別信念陳述，首先是：「學校的專業評鑑及視導過

程應該聚焦在學生的成就與福祉。」因此，湯普生學區專業評鑑
辦法遂將焦點直接放在持續改進學生成就。

(一)評鑑辦法的設計

考慮到學區低落的財政能力和對於提高學生學業表現的承諾，
一九九三年地方學校教育委員會（local school board）尋求吸引高 *42*
度合格教師留任與增進學生成績的方式，藉著社區的強力支持與
鼓勵，學校教育委員會開始採用績效獎勵（pay-for-performance）
辦法來解決這項雙重的挑戰。

一九九三至一九九四學年度此獎勵辦法從設立「績效獎勵規
劃委員會」展開，委員會成員由學區行政主管機關與 NEA（全國
教育協會）的地方分會共同選出；成立未久，委員會先向商界募
款作為頒發獎勵金的經費來源，然後舉行多場焦點團體討論會來
了解整個大社區對學校的期望；此外，委員會對每一所學校的教
師與家長進行抽樣調查，以蒐集改進學校教育的意見。根據一年
來所蒐集資料的結果分析和社區的支持，委員會捨棄原來只限於
獎勵績效的構想，轉移到發展更有系統的學校改進計畫。

一九九四至一九九五學年度，委員會帶著擴大後的任務繼續
運作，並以設計一套有效的教師績效評鑑辦法作為工作重點。委
員會投入相當多時間發展教師評鑑辦法中的教師績效標準與實施
程序；完成初步草案後，委員會向獨立的審議小組提交草案；依
據修正意見修改評鑑草案之後，委員會向學區教師及相關行政人
員介紹這套教師標準及評鑑辦法，以徵求他們的意見。

(二)辦法試行與人員訓練

　　為期兩年的試行在下一個學年展開，針對第一年的評鑑結果做了主要的修正，第二年試行之後又做了少部分的修正。在經過擴充到四年的規劃、發展及試行之後，學校教育委員會已經準備就緒，即將向整個學區推出這套新訂的標準本位教師評鑑辦法。

　　當學區準備從一九九七至一九九八學年度開始全面實施教師評鑑辦法之時，先執行了最後一個步驟：行政人員與教師的訓練。各校行政人員被要求參加為期三天的訓練課程，課程內容介紹這套新的評鑑辦法，並要求參加者熟練有關改進學校與教師評鑑的技能。評鑑的主事者必須學習的技巧包括：

1. 介紹教學視導及教學方法演練（teaching coaching）的更有效方法。
2. 以角色扮演方式提供使用新評鑑辦法的親身體驗。
3. 指導教師及行政人員實施教學觀察前與觀察後的會議。
4. 提供支援資料帶動的教學（data-driven instruction）所需的輔導。
5. 探討實施標準本位教師評鑑時，監控教師績效的策略。

　　在行政人員訓練之後，訓練訓練者的模式（train-the-trainers model）就被用於集訓代表各校的種子教師（teacher leaders），以便向全學區教師推廣介紹這套辦法。除了種子教師必須接受技術訓練之外，推動的單位也致力於透過教師訓練課程「消除不利的恐懼和謠言」。[3] 終於，種子教師和校長分別在各校實施全體教師

的訓練，這套教師評鑑辦法總算正式實行了。

 二、湯普生學區模式的運作方式

在增進學生成就與福祉的前提之下，[4]湯普生學區評鑑辦法的設計目的在合理連結對教師和學生的期望，其主體則簡單包括三個部分：

1. 教師績效標準。
2. 一套學區教師評鑑辦法。
3. 教師專業發展及績效改進計畫。

(一)教師績效標準

評鑑辦法的最前面部分列出了十項教師專業標準，[5]所有教師對各項標準都有應負的績效責任，而教師績效的評量也是依據這些標準，其中包括了對教師的期望，例如「證明有效教學的基本要素……」、「設計及實施符合學生獨特需要的教學……」及「有關學生的學業及行為的進步……與學生及家長溝通」等等，[6]表4.1列出這些教師專業標準的完整版本。

44

雖然這些標準意味著連結教師績效與學生學習，第三項標準則更清楚指出對教師的期望：「學校教師必須為增進學生學業進步的可能性負責」，[7]此項期望的訊息很明白：教師及其他教育專業人員將為學生的學習負責。

表4.1　湯普生學區的教師專業標準

學校教師必須持續一貫展現以下行為，以獲得湯普生 R2-J 學區的續聘。依據這些標準所做的評鑑以每年實施為原則。

1. 學校教師應證明自己能一貫地應用有效教學的基本要素，以及其他適當的教學模式。
   (1)發展支持教學或訓練目標的教學計畫。
   (2)證明應用下列教學、訓練模式或其他適當模式的能力，包括設定起點目標、選用適當教學方式、指導練習或引導獨立練習、監控教學過程及結束教學。
   (3)提供學生不同的形成性與總結性評量，這些評量能測量學生在教學目標方面的進步情形。
   (4)設計及實施有益於學生學習的教學管理程序。
2. 學校教師應提供符合所用課程的教學或訓練計畫，這些計畫也必須和州定課程標準，以及聯邦與州的法規一致。
   (1)使用學區的課程準則來設計與實施教學。
   (2)證明教師自編教學單元符合學區的課程標準。
   (3)了解學區課程標準可應用的範圍與應用順序。
3. 學校教師必須為增進學生學業進步的可能性負責。
   (1)蒐集並分析學生的資料以促進教學。
   (2)使用多種評量方式記錄學生的成長。
   (3)根據各類學生成就的資料實施教學策略，藉以改進學生的學業表現。
   (4)分析教學結果並據以修正教學。
   (5)組織學習環境以擴充學生可運用的學習時間。
4. 學校教師設計並實施教學以符合學生獨特的需要。
   (1)針對不同學習需要，做出關於教材及教學策略的決定並實施這些教材及策略。
   (2)描述學生目前的學業表現層次及未來的教學需要。
   (3)設計及提供能證明學生學習結果的各種學業表現機會。
   (4)針對特定學生群組使用處方式的矯正技術。
5. 學校教師組織、發展及維持有益學生福祉的學習環境。
   (1)鼓勵及示範對所有學生的尊重。

(2)創造學習環境使學生能在其中自在地承擔學習的風險。

(3)鼓勵能增進學生個人成長和自我價值的學生互動。

(4)尊重學生的文化差異和學習差異。

6. 關於學生學習與行為的進步，學校教師能夠和學生、家長、同僚及社區成員溝通。

(1)用心傾聽以理解。

(2)向學生及家長清楚說明及溝通自己的期望。

(3)關於學生的長處、需要及進步，能與學生、家長、同僚及社區成員合作建立夥伴關係並保持溝通。

(4)以適當保密的方式和學生溝通其個人需要。

(5)口語表達能力強，並能清楚明確選擇給學生的作業。

7. 學校教師協助維護及執行學校規定、教育委員會政策及聯邦與州的法規，並且遵守教師執照的標準。

(1)對學校的規定、教育委員會政策、聯邦與州的法規及教師執照標準，能取得其複本並加以遵行。

(2)根據各校、學區、聯邦及州的政策要求，監控學生的行為，並採取適當的行動。

8. 學校教師依據法規、學區政策及行政規定的要求，以即時與保密的方式保留相關紀錄。

(1)依照學區政策完成要求的表格、報告及計畫。

(2)為適當的安置或轉介，記錄學生的行為與學業進步情形。

(3)遵守時間繳交表格、報告及計畫。

9. 學校教師能證明與他人的專業合作關係。

(1)向同僚與家長尋求協助或幫助他們，並且與他們合作達到學生的個別需要。

(2)運用衝突解決和做決定的技巧解決職場中發生的問題。

(3)與同僚分享資訊、資料及專業經驗。

10. 學校教師能展現專業服務的特質。

(1)依照工作指派，在規定的時間出席教導學生，並盡量減少請假次數。

(2)根據學區政策與實務的要求，執行行政單位指派的相關職務。

(續)

> (3)出席規定參加的會議。
> (4)遵照學區政策在學校中以身教示範合宜的行為。

(二)評鑑的實施程序

本評鑑辦法與學生學業成就有直接關連，但此種關連只被視為檢討教師績效時的單一因素。除了直接評量學生的學習，其他的評鑑策略包括：正式及非正式的觀察、自我觀察以及評閱和績效有關的實作資料。這些由多重來源蒐集的資料將累積到年度的評鑑會議中呈現，並在會議中會針對教師在這個評鑑週期的績效做出評價。

(三)專業發展

除了以十項教師專業標準評鑑績效之外，總結評鑑會議也針對教師績效及其在下一個評鑑週期所需的專業發展，做出連結的建議。表 4.1 摘要了教師與校長在評鑑過程中可用的主要工具，這些工具之中有幾項和教師專業發展有直接或間接的相關。表 4.2 中各工具所用的評鑑表格可查閱附錄 D。

最後，從專業標準到績效評鑑、再到專業發展及改進，這整套標準本位的評鑑辦法都是基於改進學生成就而設計。在追求改進的評鑑循環週期中，教師專業成長被視作成功的關鍵，而湯普生評鑑辦法的根本假設就是，如果教師持續改進其績效並且維持高品質的表現，學生的學業成就將獲得改善。

表 4.2　湯普生學區教師評鑑使用工具一覽　*47*

工具	說明
教師專業標準	這十項專業標準描述學校教師必須持續一貫展現的行為，俾能獲得湯普生學區的續聘。依據這些標準所做的評鑑以每年實施為原則。
教學觀察前：標準本位的計畫	教師使用這份表格： • 列出擬觀察的主題範圍 • 確認所對照的標準或基準 • 描述教學單元的概念架構
教學觀察前：資料帶動的教學計畫	這是提供初任教師或擔任新職教師的自我評鑑工具，能幫助教師準備教學觀察與會議。
教學觀察前：標準本位的教室教學	這項工具用於記錄觀察前會議的內容，或由教師在觀察前填列；行政人員也可以使用這項工具，記錄有關資料帶動的教學之證據。
自我評鑑：使用新的教學策略	對於初任教師或擔任新職的教師，這項工具可能適合作為觀察後的工具；它也可以作為教師記錄專業目標的指標，而行政者則可用於觀察後的反省或用於目標發展會議。
觀察前和觀察後：使用各種教學策略	此工具可作為學校教師自我評鑑，以及觀察前和觀察後的工具；行政人員也可以在觀察後的反省或舉行目標發展會議時，使用這些有關教學檢討的提示事項。
觀察前：設計學習評量	教師可就某一單元的基準點評量學生的學習。
資料蒐集：在教學中應用期望和評量	此工具可用來評鑑教師應用班級評量程序的品質，評鑑者可以採用測驗與評量結果分析的特定樣本，或者評閱依據學生評量結果撰寫的教學計畫。
反省學習評量計畫	此工具是教師在觀察後填寫的表格，或用來引導觀察後會議的進行。

（續）

工具	說明
專業成長計畫	這份自我評鑑工具可被教師用於監控其專業發展目標的進展；行政人員則可使用這份表格歸納反省的問題、彙集一般的資料及進行目標發展會議。使用時可將相關的證據、觀察及實例加以摘要或依指標逐項查核。學校教師可採用書面的專業發展計畫作為自我改進或學習的指引，然後分析計畫實施的結果。

48   **三、學生評量的策略**

湯普生學區的評鑑模式在學生評量方面採用進步分數，其計算方式如下：

學生最後的成就水準－學習開始時的成就水準＝進步分數

學區主政者係從學生成長的觀點考慮學習評量，而非採用與不同同齡群體比較的快照式（snapshots）測驗表現（註），因此，其方法是取自加值型評鑑的觀點。

在計算進步分數的教學情境中，下列教學事件可依序進行：

步驟 1：決定學生學業表現的基準線。

———————

註：學區行政主管機關常常在接近課程結束或學年結束時，採用單一的「現時測驗」（point-in-time test），然後使用這些測驗的結果評定學區、學校甚至各班級的成績進步情形。遺憾的是，這種方式造成對不同學生群體的比較，而非同一群學生在不同階段的學習差異比較。湯普生學區為避免這種問題，遂採計學生在學年開始時的表現、學年結束時的表現，以及兩者之間的差異。

步驟 2：教師提供資料帶動的教學。

步驟 3：評量學生在教學後的表現。

步驟 4：記錄學生的進步情形。

資料帶動的教學過程採用週期循環的架構，[8]並包括以下的步驟：

1. 從學科學習標準展開教學計畫。

2. 自創或找出與學科學習標準一致的評量。

3. 進行診斷為目標的學習評量。

4. 分析評量資料。

5. 分辨學生的學習風格。

6. 設計不同的教學策略、學習策略及教學情境。

7. 實施教學；必要時監控和調整教學。

8. 為評鑑教學而實施學習評量。

在資料帶動的教學過程中，評量的實施參照學區規定的評量 *49* 及時機來進行。雖然如此，以班級評量作為學生的評量表現，教師在決定評量方法與時間方面，仍有相當的自由度。

從幼稚園到十二年級的學生學習評量，都有各種不同的標準化測驗和非正式評量可供採用，就實際操作而言，學生學業表現的評量可歸納為四類：[9]

1. 州定標準化評量：符合科羅拉多州學科學習標準、每年針對三至十年級實施。

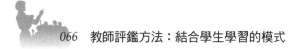
2. 常模參照測驗（如 PSAT 和 SAT）。

3. 標準參照測驗（如閱讀或數學程度、科學過程技能及熟練程度）。

4. 班級評量：教師自編的班級教學用評量，包括單選題、小論文、實作評量及演示等等。

關於如何針對學生評量使用不同類別的測驗，可詳閱本書第二章的說明。

四、評鑑辦法的優點和缺點

為評判這套標準本位教師評鑑辦法的優點和缺點，我們訪談了湯普生學區中某個代表性社區的相關人士，此外，我們也瀏覽了學區的教師評鑑文件，並就這套評鑑辦法的設計要素及結果仔細思索。以下摘要我們的發現。

(一)優點

下列所述優點反映了教學、學生學習及教師專業成長之間更為緊密的連結，而且以學生學習為焦點似乎能為教師的專業工作定向：

50 1. 以學生的學習需要為明確焦點

「我們更重視學生需要學些什麼，而不是課程的涵蓋程度。」[10]「如果關注於資料帶動的學生學習，我們會比只根據教科書所訂的各單元目標得到更好的學習結果。……教師採用的其實是根據研究為基礎的教學。」[11]

2. 標準本位的評鑑取向增強教師的專業感

「傳統上教師評鑑辦法只談過程，少論結果。這套評鑑辦法的好處是讓大家重新檢視自己對於學生福祉的信念。」*12*「教育專業者會有一種假設，認為教師具有某種程度的知識，而且教師能造成改變以提升學生成就。」*13*

3. 評鑑辦法以顧客為焦點

「學生是顧客，教師和社區成員是主要的利害關係人。」*14*

4. 評鑑辦法有助於激勵教師

「這套評鑑辦法使教師有更好的感受……當看到結果時，教師知道自己已經幫助了學生。」*15*

5. 教師的同儕關係受到激勵

「這套評鑑辦法在專業發展方面，帶給教師更多的同儕關係。」*16*「你無法不分享（因此某些教學的孤立感被消除了）。」*17*「這套評鑑辦法增進了專業者之間的互動，包括校長對教師和教師對教師之間的互動。」*18*

6. 評鑑的標準更為明確

「在這套評鑑辦法中，教師被評鑑的能力以及哪些主觀性強的部分被削弱了，都很明確。」*19*

7. 強調改進教師績效

「在資料帶動或資料影響的決定過程中，我們會發現能改進學生成就的最佳實務技巧，並且重複使用這些實務技巧。」*20*「如果我們不鼓勵績效較差的教師改善，我們就是在接受平庸程度的表現。」*21*

8. 教師進修與學生學習需要直接相關

「如果注重資料帶動的教師進修，學生學習成就改善的可能

性也會增加。」[22]

(二)缺點

缺點部分牽涉對評鑑技術層面（信度和效度）的疑慮，以及在不妥協評鑑內容或創意之下，以評量為教學核心所需要的時間和技巧：

51
1. 評鑑取向允許實施時發生顯著的變異

「這套辦法只是就像實務工作者一樣會表現不一。」[23]

2. 這套辦法可能扼阻冒險和創意

「我最擔心教師會用一種『以填鴨扼殺學習興趣』（drill-and-kill）的教學方式來表現他對測驗成績的重視。這樣做過於狹隘，我們需要適當的教學方式。」[24]

3. 多層次的學習評量辦法缺乏嚴格的統計控制

「頗令人困惑的是，有多項學習評量可以選擇作為評量學生的工具。」[25]「我們有基本的資料庫，可用於了解教學的加值影響，但是處在所有的學習因素都能被解釋的情況下，教育的效能就不易確知。」[26]

4. 單純又可供比較的學生進步數據很難獲得

「很難依據教師、行政人員及學區接受的標準，決定採用哪一種工具評量學生的進步。」[27]

5. 評鑑的標準要求教師承諾對學生評量付出許多時間

「若大量實施學生評量，教學時間就會減少，教師的時程安排及規劃會因為太多的測驗而變得複雜。」[28]「……花更多時間做測驗，意味著要做更多研究以獲得測驗分數，以及花更多時間發展評量方法。」[29]

6. 教師可能認為學生成就為本的評鑑辦法具有威脅性

「對許多教師而言，根據學生成就評鑑教師績效是令人害怕的事。」*30*「我們長期以來都擔心學校外的一些因素會影響學生學習。」*31*

7. 公眾對測驗的支持造成教師壓力

「我們有來自於大眾支持測驗結果的壓力……」*32*「測驗當晚就取得學生成績並仔細看過成績報告，是件極有壓力的事。」*33*

8. 財政上的需要是永續的

「關注學生的測驗分數會造成巨大的預算影響。」*34*（例如湯普生學區的評鑑辦法在標準化常模參照或標準參照測驗之外，也依賴教師本位的學習測驗評定學生的進步。因此，在增進教師評量技巧的專業發展方面，學區的投資龐大且沒有止境。）

五、評鑑實施的結果

標準本位教師評鑑辦法的一項顯著缺點是，很難將學生的學業表現直截了當歸因到教師的績效。儘管如此，整體檢視湯普生學區的模式，它看起來是個成功的評鑑辦法，雖然學區的行政當局只能大略估算某一位教師對學生學習的影響，他們卻肯定可以從估算的經驗指出整體的結果，那就是，學生在標準化測驗的得分正在增加之中。

為提出學生學業表現已有增進的證據，湯普生學區的學校主管官員指向該學區學生在科羅拉多州學習評量（Colorado State Assessment Program, CSAP）的進步情形。在一九九七年，四年級學生有 65% 在 CSAP 閱讀測驗的分數為流利以上的程度（流利或

進階）；到了二〇〇一年則有 75%的學生達到流利以上的程度。
其學習成長幅度在一百七十六個學區的排名之中，是進步最多的。
相似地，在一九九七年，通過 CSAP 寫作測驗的四年級學生中有
35%達到流利以上的程度，而二〇〇一年則有 57%的學生有相同
表現。湯普生學區的七年級學生在一九九九至二〇〇一年之間，
也有相當令人印象深刻的測驗結果表現：七年級學生在一九九九
年的閱讀測驗中，達到流利以上程度的比率是 69%；二〇〇一年
的表現則達到 75%。同樣地，在一九九九年，七年級生之中有 58%
以流利或進階程度通過寫作測驗；二〇〇一年則有 65%的學生有
相同表現。

　　除了學生測驗分數上升的具體證據之外，另一項明顯的次要
效益是整個學區更加注重學生的學習結果。某位教育局官員以下
列這段話總結這種態度：

> 學生的成就已經在提升之中，而且持續進步。學生用他
> 們自己的話討論標準，他們知道別人對他們的期望以及
> 自己應該做的事。[35]

　　一位國小教師從班級教學的觀點做出回應，她這樣歸納教師
和學生的評鑑辦法對其學生的影響：

> 我更注意我的學生如何達到成就，現在我有資料可向家
> 長說明他們的孩子如何學習，我根據更多的具體證據而
> 非感覺，我不是單憑直覺知道學生的進步，他們的進步
> 是可以證明的。[36]

㈠教師觀點

　　雖然有些教師在他們的評論中之表達了警告之意，曾參與過湯普生學區標準本位教師評鑑的教師則抱持積極態度。下列評論顯示教師們對這個問題的回應：

1. 「我當然願意接受這套評鑑辦法，如果它的依據是學生的進步。這就是教師的工作，教導孩童知識以及他們應該學會的方法。然而，我們能夠評量學生所有的學習嗎？當然不能。教師需要盡一切努力促進學生的進步，但是其他因素也會影響學生學習。」[37]

2. 「只要大家都了解，教師無法全面控制學生的學習。」[38]

3. 「是的，我絕對相信我們必須負責，如果學生沒在學習，我們應該記錄為鼓勵學生學習曾做過的努力。」[39]

六、結語

　　就像其他的教師評鑑辦法一樣，湯普生的標準本位評鑑模式存在著明顯的優缺點。這套辦法目前已經使用了幾年，學區的行政主管考慮在二○○四至二○○五學年度時開始修訂，以改善其功能；雖然如此，這套評鑑模式目前仍然保留了許多技術理性（technical-rational）的部分，仍值得考慮維持。

　　此外，被訪談的教師和學區學監對於值得重複的改變過程，提出幾乎相同的意見：要引發這樣的改變，必須先建立教師與行政人員之間的合作夥伴關係，信任是必要的。湯普生學區模式對

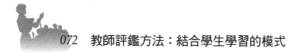

轄內的教育人員要求高度的專業責任績效，而這種作法非常仰賴
能給與支持和信任的環境──此環境真正關注每一個人的改善。
如何處理校內績效責任與支持程度之間的正確平衡，很可能是學
校領導人必須面對的最大挑戰。

註解

1. 科羅拉多州眾議會第 1338 號法案、第 1159 號法案，以及《科羅拉多州教師執照法》（Colorado Educator Licensing Act）。

2. November, 1995.

3. All interviews for this chapter were conducted in May, 1999. Interview with John Stewart, Assistant Superintendent of Schools, May, 1999.

4. Kuzmich, L., & Zila, R. (1998, December). *Developing standards-based professional goals as a focus for teacher evaluation.* Workshop presented at the National Staff Development Council, Washington, DC.

5. For a discussion of teacher evaluation based on job standards or duties, see: Scriven, M. (1988). Duties-based teacher evaluation. *Journal of Personnel Evaluation in Education, 1,* 319–334. Also see Stronge, J. H. (1997). Improving schools through teacher evaluation. In J. H. Stronge (Ed.), *Evaluating teaching: A guide to current thinking and best practice* (pp. 1–23). Thousand Oaks, CA: Corwin Press.

6. Thompson School District. (1997–98). Teacher professional standards. *Thompson School District R2-J School Professional Evaluation Handbook.* Loveland, CO: Author, pp. 4–5.

7. Thompson School District, 1997–98, pp. 4–5.

8. Kuzmich, L. (1996). Data-driven instruction process. Cited in *Thompson School District school professional evaluation: Toolkit for administrators and school professionals.* Loveland, CO: Author.

9. Thompson School District. (1996, August). *A parent's guide to standards.* Loveland, CO: Author.

10. Jim Neigherbauer, 6th grade teacher, Thompson School District, personal communication.

11. Lin Kuzmich, elementary school principal, Thompson School District, personal communication.

12. Don Saul, Thompson School Superintendent, Thompson School District, personal communication.

13. Randy Zila, Thompson Director of Human Resources, Thompson School District, personal communication.

14. Jim Willard, Hewlett-Packard executive and Thompson School Board member, personal communication.

15. Jim Neigherbauer, Thompson School District, personal communication.

16. Nancy Popenhagen, Thompson Education Association (NEA) President, personal communication.

17. Lin Kuzmich, Thompson School District, personal communication.

18. Randy Zila, Thompson School District, personal communication.

19. Chris Love, 1st grade teacher, Thompson School District, personal communication.

20. Randy Zila, Thompson School District, personal communication.

21. Jim Willard, Thompson School District, personal communication.

22. Lin Kuzmich, Thompson School District, personal communication.

23. Randy Zila, Thompson School District, personal communication.

24. Don Saul, Thompson School District, personal communication.

25. Chris Love, Thompson School District, personal communication.

26. Don Saul, Thompson School District, personal communication.

27. Jim Willard, Thompson School District, personal communication.

28. Nancy Popenhagen, Thompson School District, personal communication.

29. Jim Neigherbauer, Thompson School District, personal communication.

30. Chris Love, Thompson School District, personal communication.

31. Nancy Popenhagen, Thompson School District, personal communication.

32. Lin Kuzmich, Thompson School District, personal communication.

33. Nancy Popenhagen, Thompson School District, personal communication.

34. Lin Kuzmich, Thompson School District, personal communication.

35. Randy Zila, Thompson School District, personal communication.

36. Chris Love, Thompson School District, personal communication.
37. Nancy Popenhagen, Thompson School District, personal communication.
38. Jim Neigherbauer, Thompson School District, personal communication.
39. Chris Love, Thompson School District, personal communication.

經由目標設定評鑑教師素質：維吉尼亞州亞歷山卓學區的經驗

Melissa McBride 和 Mason Miller 合撰

目標決定你將會是什麼。

——Julius Irving

　　二〇〇〇年，亞歷山卓市的公立學校系統開始實施「績效評鑑辦法」（Performance Evaluation Program, PEP），這項範圍廣泛的教師評鑑辦法包括四個部分：正式觀察、非正式觀察、教師檔案及學業目標設定。當初決定設計這一套資料多元的新評鑑辦法係受到兩方面力量的推動，其一是呼應維吉尼亞州境內對績效責任的要求，其二是意圖描繪教學複雜特質的「真實圖像」。PEP試圖藉由學業目標的設定連結教師評鑑和學生成績，它要求教師每年訂出有關學生進步的量化目標，而貫穿整個學年，教師訂出的學生學業目標將由 PEP 的專家及行政人員審查。與湯普生學區的

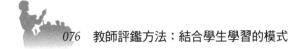
55 　　評鑑模式類似，亞歷山卓市公立學校學區也致力於以增進學生學習的目標連結教師評鑑與專業發展，來回應對績效責任的呼籲。當二○○○年開始施行時，十八所學校中只有九所學校實施完整的評鑑，雖然到二○○四至二○○五學年度開始時 PEP 的執行才遍及全州，但從二○○三年夏季起，各校已經開始實施設定學業目標的部分。

 ## 一、亞歷山卓市學區系統簡介

　　維吉尼亞州的亞歷山卓市是個海港城市，它位在華盛頓特區的大都會區域內。被視為維吉尼亞州較小型的學區，其組成包括十八所中小學及幼稚園、大約一萬一千名來自不同族裔及社會經濟背景的學生。據二○○三年九月三十日的資料，學生的人口統計如下：

　　　1. 非裔（Black）　　　　　　　　　　　　　　43.00%
　　　2. 拉丁裔（Hispanic）　　　　　　　　　　　　27.00%
　　　3. 白種人（White）　　　　　　　　　　　　　23.02%
　　　4. 亞裔／太平洋島國（Asian/Pacific Islander）　6.70%
　　　5. 印第安及阿拉斯加原住民
　　　　（American Indian/Alaskan Native）　　　　　0.30%

　　亞歷山卓市的所有學生可歸屬為六十九種語言的使用者和八十八個國籍，大概 25%的學生總人口（約計二千六百二十五位學生）被檢測為英語能力不足或英語為第二語言的學生（ESL students）；[2]51%的學生（五千四百九十三位）合於減免午餐費的條件；[3]超過50%的學生被認為「瀕於危機」，需要進一步的輔導；此外，大約15%的學生（一千六百四十一位）被列為特殊教育的對象。[4]鑑於這些對學生學習的重大挑戰，亞歷山卓市公立學校系統編列85%的預算專款（約123,094,863美元）用於教學及教學的支援事項。[5]

　　亞歷山卓是一個科技發達的學區，學生與電腦的數量比率是3：1，[6]遠超過維吉尼亞州6：1的平均比率。教師的薪資也比全州的平均數高，其個別對比為54,224美元對41,731美元，[7]每班平均學生數則是二十到三十名之間，[8]最重要的是，亞歷山卓市的公立學校教育人員很熱中於促進學生的成功。

56

二、PEP 的評鑑目的及發展經過

　　受到維吉尼亞州及全國加強「呼籲提出學生學習的具體證據」[9]之影響，亞歷山卓市學校教育委員會原先的興趣是，發展一套整合某些學生成就評量方法的考績獎勵辦法（merit pay system）；然而，由於將學生成績的評量資料用於教師評鑑系統仍有爭議，[10]學區中有許多人擔心實施這項辦法之後會將整個教育界分化為兩個對立群體，「我們不希望這套辦法變成『我抓到你了！』的辦法，我們希望這套評鑑能真正促進教師的專業成長。」[11]雖然教師和行政人員對評鑑過程採用學生學習評量的想法，感到有些不自在，但他們也認為這是必須面對的挑戰。

　　設計一套新的評鑑辦法，顯示了亞歷山卓學區內部各方利害關係人的合作，包括從小學到中學階段的教師及校長代表、與

James H. Stronge 一起工作的教育局行政人員，以及一位對發展過程提供意見的諮詢顧問。新的績效評鑑程序係以「目標與角色評鑑模式」（goals and roles evaluation model）為基礎，*12* 此模式包含六個步驟的績效評鑑方法。評鑑發展小組瀏覽了維吉尼亞州十一個縣市的公立學校學區分區（divisions）及密西根州某校的評鑑資料，甚至在某些情況下直接採用其資料。這些學校的完整名單詳見附錄 E。

　　謹守教育評鑑研究者的建議，學生資料的使用「只是教師評鑑辦法的一部分，教師評鑑應採用多重的資料來源。」*13* 亞歷山卓評鑑辦法的設計者力求建構出一套完整而又接納教學複雜性的系統，他們選出五類主要的資料來源：正式觀察、非正式觀察、教師檔案、學業目標設定及學生成就評量。每一類資料的定義詳見表 5.1。評鑑的設計者覺得藉由這些多重的資料來源，可以「真實地描繪教師的工作」，*14* 而其中第一、二類資料來源——目標設定與學生成就，正是本章的焦點，其中學業目標設定的目的是：

1. 建立教學與學習品質的正向相關。
2. 依據學生的資料做出教學決定。
3. 創造改進學校的機制。
4. 透過持續的專業成長增進教學的效能。

表 5.1　PEP 對主要資料來源的定義　　　　　　*57*

資料來源	定義
目標設定	教師依據適當的學業表現評量數據，設定能改善學生學業成就的學業目標。目標及目標的實現是重要的評鑑資料來源。
學生成就	教師對學生學習及學業表現有絕對的影響，依據年級、課程內容範圍及能力程度分類，適當的學生學業表現評量數據將被確認，以提供關於學生學習進步的資訊。學業表現評量數據包括標準化測驗的結果及其他適當的資料。
正式觀察	觀察是判斷績效的重要資訊來源，正式觀察直接聚焦在十七項的教師績效責任（見附錄 E），教室觀察也可以包括教師作品或實作表現的審查。
非正式觀察	非正式觀察的目的在根據教師各方面的廣泛表現，提供更常見的資訊。評鑑者需要進行非正式的觀察，包括進入教室觀察學生學習、觀察教師教學、觀察教師在教室以外不同時段的工作表現。
教師檔案	教師檔案包括記錄十七項教師績效責任的實作表現。

資料來源：經亞歷山卓市公立學校准予重製。（譯註：原書將表列第一、
　　　　　二項的定義相互錯置。）

相反的，學業目標設定的目的不在於：　　　　　　　　　　　　　*58*

1. 替代教室觀察或其他記錄績效責任的方法。
2. 作為評鑑教師效能的唯一方法。

　　此外，吾人必須了解，亞歷山卓評鑑模式中的學業目標設定
程序，指的不是創造教師個人或專業的目標（例如「我計畫透過
……改進教學」或者「我計畫完成碩士學位」），更確切地說，

學業目標設定的程序明顯聚焦在學生的學業進步，例如：

1. 就學業進步而論，學年開始時學生的學業情況如何？
2. 今年我將如何幫助這群學生在學業上獲得成功？
3. 學年中間階段，學生的學業表現如何？
4. 就學業進步而論，學年結束時學生的學業情況如何？
5. 學生達到了多少的進步？

如此以直接的方式，亞歷山卓學區的績效評鑑辦法將加值的方法併入學生的學習評量，使得評鑑辦法可以應用在不同年級或學科的教師身上。

 三、PEP 的運作方式

如上節所述，學業目標設定是 PEP 的五大部分之一，其他的部分包括：(1)學生成就；(2)正式觀察；(3)非正式觀察及(4)教師檔案。近幾年來，許多研究已經指出，就學校本位的預測指標而言，教師效能是預測學生成就最有力的指標。[15] 為更深入了解 PEP 的學業目標設定部分及其與教師效能評鑑的關連，有必要摘要亞歷山卓教師評鑑辦法的指導原則。

59 採用 Stronge 的目標與角色評鑑模式，[16] 亞歷山卓的 PEP 經由三階取向檢視教師績效（見表 5.2），該模式的概念架構由五個一般面向或類別組成，包括：教學、評量、學習環境、溝通與社區關係，及專業水準。每個教師績效面向的定義詳見附錄 E，以下的舉例是「評量」面向的定義：

表 5.2 教師評鑑的三階取向

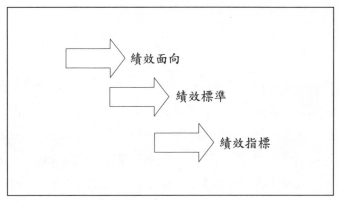

績效面向

績效標準

績效指標

資料來源：經亞歷山卓市公立學校准予重製。

這個面向包括以一貫的方式蒐集、報告及使用各種不同資料，以評量學生成績、計畫教學及改進學生學業表現。[17]

所有十七項教師績效責任及其對應的五個面向，詳見附錄E。下列是評量面向的績效責任之實例：

績效責任 A-3：教師提供及時且持續的回饋以鼓勵學生進步。[18]

對應各項績效責任的績效指標已經發展出來，而且被用於區辨主要工作期望的可觀察行為，現行的樣本行為清單雖未詳盡，但已經說明充分實踐績效責任時的典型行為。以下是績效責任第A-3 則的績效指標舉例，在這些指標中，教師需有下列作為：

60

1. 在教學前、教學中及教學後對學生的學習表現給與回饋。
2. 蒐集足夠的評量結果資料，以佐證報告學生的進步。
3. 提供學生機會去評量他們自己的進步和表現。

評鑑資料的蒐集來自觀察、審查教師檔案、設定學業目標及評量學生學業表現，以針對教師績效提供最正確完整的回饋。評鑑者使用兩種工具完成教師的總結評鑑——績效指標和績效評量指標（rubric），後者的根據是行為摘要量尺（behavioral summary scale），其作用在指導評鑑者以增進評分者間信度（不同評分者之間的評分一致性），該評分指標採用有四個級距的量尺，範圍從「超越期望」到「很不滿意」。

四、評量學生的策略

學生學業表現的評量工具對目標設定的程序很重要，教師可以使用蒐集到的學生資料作為證據，證明自己達成某項特定的責任。教師有各種不同的評量數據可以判斷學生的進步，為適應學生的眾多差異，當教師要選擇學習評量的適當工具時，以下三種標準被列入考慮：學生的年級、課程內容領域及能力程度。選擇學習評量工具的重點是與課程密切一致，以下列舉在記錄學生學習結果時，可以採用的評量策略及資料來源：

1. 常模參照測驗（如「史丹福診斷性閱讀測驗」）（Stanford Diagnostic Reading Test, SDRT4）。
2. 標準參照測驗（如「音素認知讀寫能力檢測」）（Phone-

mic Awareness Literacy Screening, PALS）。

3. 真實評量（如教師檔案、專題研究計畫及書面評量）。　*61*

4. 校內的測驗（如全學區的段考測驗、教師自編測驗）。

5. 標準本位的評量（如「維吉尼亞州學科學習標準」測驗）
   （Virginia Standards of Learning, SOL）。

五、學生評量辦法與教師評鑑的關連

維吉尼亞州的法律要求，教學人員的績效評鑑應包括學生學業進步的評量：

> 學校教育委員會應發展一套各分區學監（division super-
> intendents）和校長使用的教學人員評鑑程序，這套程序
> 必須適合評鑑教師的職務表現，並且包括探討學生的學
> 業進步和教師的知能──後者宜涵蓋但不限於教學方法、
> 班級經營及學科內容知識。（§22.1-295）*19*

雖然學業目標設定不是強制的事項，卻是滿足維州要求的合理方法之一。在目標設定的過程中，教師必須將設定的目標連結到一項或多項的教師責任，在每一學年開始時，長聘和非長聘（tenured and non-tenured）教師、行政人員及 PEP 專家一起合作發展至少一項能改進學生學習的目標。為限定年度學業目標符合 SMART 的特徵──特定、可測、可達、實際、限時（specific, measurable, attainable, realistic, and timebound），教師首先必須做到下列工作：

1. 蒐集與檢視學生評量和教師評鑑的資料。
2. 分析所選擇的資料，以決定學生的學習需求與教師專業需要。
3. 解釋資料以找出學生學習的模式或弱點所在。
4. 依據這些具體的資料來源，決定學生學習需求的範圍。
5. 選擇學業目標的焦點。

教師蒐集和分析的資料包括學生的測驗結果、之前的教師評鑑資料及教師檔案等；學生學業表現與教師教學應當改進的地方，由教師和 PEP 專家一起找出；一旦確認學業表現的模式，教師將基於師生雙方的需要，選擇想改進的部分，同樣地，此決定仍以具體的資料為基礎。上述步驟的總括目的在界定教師績效的基準線，而實際的目標發展則牽涉到下列步驟：

62

1. 定義一項清楚的目標
- 使用特定的評鑑策略或績效類型。
- 設定可測量的目標（例如百分比、答對的次數）。

2. 選擇與目標一致的評量策略
- 蒐集教學前和教學後的資料（如果可能）。
- 使用多元的學習評量方法來分析及確認結果。

3. 年終檢討
- 做出適當的調整（例如教學、學生分組）。

年度的學業目標可依照每位教師的狀況訂定，並納入特定資訊來適應產生教學的脈絡，由此使得評鑑者對於教師績效能做出

更適宜的評鑑。學業目標包含的資訊有下列：

1. 教師的背景資料（如任教領域、任教年級和學校）。
2. 學生學業的基準線資料（如前測的分數、出缺席紀錄、標準化測驗的分數、屬於資優或瀕臨危機）。
3. 預期學習結果的目標敘述。
4. 選擇用來完成目標的策略。
5. 期中或其他間隔提出的學業進步報告。
6. 學年終了時的總結成果摘要 [20]。

　　表5.3是教師用來記錄學業目標的表格之一，這類表格在使用時係由教師和PEP專家合作完成；表 5.4 則是年度學業目標的實例，此一實例能幫助讀者想像年度學業目標的設計過程。

　　PEP鼓勵教師使用下列資料來源，以組織及呈現學生的學業進步：

1. 以班級和學習評量分數歸類的學生原始分數表格。
2. 編輯過的資料表格（如學生在熟練度或其他基準點的學生人數百分比）。
3. 資料經編輯後的圖表（如圓形圖、累計圖）。
4. 各種數據的同時圖解（如各種標準化數據的混合）。

65

(一)教師發展

　　績效評鑑辦法的設計同時強調形成性與總結性評鑑，尤其學業目標設定部分有賴於持續的回饋和教師發展（staff development）──後者使得教師的年度目標更為彰顯。PEP專家在這個

63

表 5.3　學業目標設定的表格樣本

亞歷山卓市公立學校
教師改進學生成就的年度目標

教　師＿＿＿＿＿＿＿＿　評鑑者＿＿＿＿＿＿＿＿
任教年級／學科＿＿＿＿＿　學年度＿＿＿＿＿＿
學　校＿＿＿＿＿＿＿＿

教學環境（描述學生群體及特定的學習環境）

內容領域——我所設定的領域／主題（如閱讀教學、長除法、問題解決）

基準線資料——我現在的情況（例如學年開始時的狀況）

目標陳述——今年我要達成的事（例如我期望的學生學習成果）

改進策略——我用來達成目標的活動

_____
評鑑者簽名／日期　　　　教師簽名／日期

學年結束時的資料與結果（年終時的成果）

資料來源：經亞歷山卓市公立學校准予重製。

表 5.4　學業目標設定表格完成實例　　　　　　*64*

教師改進學生成就的年度目標

教師　　Blaise Pascal　　　　　　**評鑑者**　Humane 女士

任教年級／學科　九年級幾何 I　　**學年度**　2002-2003

學校 James Madison 高中

教學環境（描述學生群體及特定的學習環境）

　　James Madison 高中位於市區，九至十二年級學生人數計一千九百二十人，平均每天的學生出席率是 91%，午餐費減免比率為 40%。二○○一至二○○二學年度，37%的學生通過 SOL 幾何 I 的期末測驗（相較於二○○○至二○○一學年度的 27%）。

內容領域——我設定的領域／主題（如閱讀教學、長除法、問題解決）

教學——幾何 I

基準線資料——我現在的情況（例如學年開始時的狀況）

　　二○○二至二○○三學年度的測驗結果指出，和本區的常模分數 15.6 分比較，我任教的五個班級之數學總平均進步分數是 10.54 分。其中，應用題（problem-solving）部分的進步分數是 9.6 分，常模分數是 17.4 分；相較於常模分數 13.8 分，計算題（procedures）部分的進步分數則是 11.96 分。總之，班上學生的計算題成績接近本區的常模，但是應用題的得分偏低，因此造成總平均成績降低。

目標陳述——今年我要達成的事（例如我期望的學生學習成果）

　　應用績效責任測驗（Tests for Accountability），使任教五個班級的數學總平均進步分數符合或超越分區常模。提高學生在應用題部分的平均進步分數到四分以上。

改進策略——我用來達成目標的活動

　　我將和督導教師及數學科召集人一起合作，在我的教學計畫中加入更多的應用題教學活動，這些教學會配合支持性的教學策略實施，例如合作學習小組、操作練習、以及由學生解釋題目。我會請督導教師與我密切合作並提供機會進行教學演示和協同教學，以及觀摩其他教師的幾何教學。

評鑑者簽名／日期　　　　　　教師簽名／日期

- -

學年結束時的資料與結果（年終時的成果）

資料來源：經亞歷山卓市公立學校准予重製。

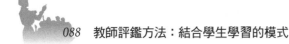

評鑑辦法中扮演重要的角色，他們和教師一起根據學生資料設計學業目標；他們協助教師選擇適當的教學策略，以完成這些學業目標；並且在整個學年之中就學業目標設定的各方面，他們也提供持續的支援和領導教師訓練工作——這些都是確保學生資料被適當應用及解釋的必要服務。

(二)保護措施

學業目標設定只是 PEP 的一部分，學校不會單單因為教師未達到年度目標而做出不利的人事決定。教師評鑑不再是「他們做完就算」之類的事，比如十分鐘的觀察；而是像 PEP 設計者所規劃的，評鑑是教師、評鑑者及 PEP 專家之間的協同合作，特別是關於學業目標設定的過程，教師被賦與選擇自己的目標和學生評量方法之權力。PEP 的目的在提供專業發展並且支持教學效能的改進，「（依據目標設定而來的）人事有關的交流一直存在，但沒有真正的行動。」*21*

六、PEP 的優點與缺點

在評定 PEP 學生成就目標設定辦法的優缺點之前，我們訪談了教育主管官員、教學專家、校長及教師，並納入有關的意見。

(一)優點

此處摘要的優點主要針對學業目標設定方面的反省與合作：

66

1. 鼓勵教師反省和做出資料帶動的決定

「PEP使你反省自己的專業實務，以及思索如何想出更好的做事方式。」[22]「重點在於如何在教室情境中落實這些策略。」[23]「我們現在注意問題，而不是分數，因此，現在我的目標和我要改進的內容領域有更多關連。」[24]

2. 強化教師的協同合作和同儕關係

「我們之間進行了許多討論，PEP專家要我們習慣討論自己的學業目標，能聽到其他人講講他們的工作確實很有幫助，而我們也可以提供建議。」[25]「和我一起工作的同事最能改變我的教學風格，有一位老師讓我學到特別多，我們一起工作也一起腦力激盪想出完成目標的方法。」[26]

3. PEP專家協助評鑑人員並且扮演教學領導者的角色

「本校的PEP專家在解釋整個評鑑過程、加強我們的目標設定及檢視資料方面，表現得實在非常好。」[27]「她（PEP專家）今年把學業目標設定方面的教師發展推動得很好，也經常和許多教師一起開會討論教學的改進。」[28]

4. 評鑑過程使教師成為積極的評鑑參與者

「教師對他們自己寫的東西有所有權，他們不必依據某人的命令而撰寫目標。」[29]

5. 同時強調形成性與總結性評鑑

「在整個PEP的評鑑過程中，我們確實有機會建議哪些人應該參加哪些工作坊，我們的確有很多機會建議適合的教師發展活動。」[30]

㈡缺點

67　　PEP 的缺點集中在學業目標設定需要時間，以及實施方面的問題：

1.評鑑過程耗時

　　「PEP 最大的缺點是很難找出時間談論落實學業目標的實際工作，以及沒時間和老師們開會討論改進教學的策略。」[31]「主要的障礙在安排行政人員和教師的時間，每天的時間永遠不夠用。」[32]「如果要教師投入改進教學的艱辛工作，學校必須為此重新組織。」[33]「學業目標的設定促進反省性實踐（reflective practice），但是必須分配反省的時間。」

2.學生資料可能被誤用或錯誤解釋

　　「他們要我們使用不同的學生資料設定學業目標，在學年開始時我們看過學生去年的 SOL 分數，知道哪些部分我們教得不錯和知道需要改進的地方，的確很有幫助，但我認為另一項有用的作法是，我們也必須看過今年新教班級的學生資料，因為學生的弱點也許在其他地方。」[34]發展資料管理系統對學校而言很重要，它能隨時提供學習評量結果的資料給教師使用——從去年的資料分析學生的學習型態，或是確認新接班級的學習需求，兩者皆可。更適宜的作法則是發展基準線測驗，這類測驗目前已經有不少學區開始使用。[35]

3.根據學生學業進步情形評鑑教師，可能有威脅性又會增加教師的壓力

　　「我認為教師害怕的部分原因是，學業目標設定和教師評鑑

只是連結到標準化測驗，如果的確如此，我就無法贊同這套評鑑，我不想看到標準化測驗的分數是評鑑教師專業能力的唯一數據。」[36] 教師在發展學業目標的過程中需要支持，教師對設定學業目標的建構式目的，需要建立一份信任感。

4. 評鑑效能取決於訓練良好又易於接近的 PEP 專家

「為了有效工作，學校必須擁有合格、積極投入，以及知道自己職責的 PEP 專家。」[37]「你必須有一位能幹的 PEP 專家，他能夠使教師確實了解評鑑過程對所有教學職務的重要性。」[38]

七、PEP 的實施結果

對亞歷山卓市的公立學校而言，由於學業目標設定辦法是進行中的工作，目前只能獲得初步的實施結果。在這個階段，我們的確知道 PEP 的取向已有紮實的研究基礎，這些研究非常強調辨識學生的教學需求，以及將教師的努力集中在這些地方。

68

(一)哪些研究支持類似學業目標設定的過程

學業目標設定和精熟學習的策略（回饋與校正的教學）有密切關連，它包括：

1. 對學生實施形成性測驗，以提供學習回饋。
2. 提供校正學習的教學活動。
3. 再次進行形成性測驗，以決定學生是否已經精熟教材內容。

事實上，明確的證據指出，形成性評量是班級教學的要素，

因為它能提高學生的成績。*39* 像 Benjamin Bloom 等研究者已經發現，接受精熟教學的學生，其平均學業成績比接受傳統教學法的學生高出 1.0 個標準差（例如第八十四個百分位數對第五十個百分位數）。*40*

學業目標設定也關係到加強學生的起點認知先備能力，內容包括：

1. 對課程的先備能力發展起點能力評量。
2. 在課程開始時，對學生實施起點能力評量。
3. 教導學生其缺少的特定先備能力。

研究指出，接受起點先備能力教學的學生，其學業表現比只接受傳統教學的學生高出大約 0.7 個標準差（例如第七十六個百分位數對第五十個百分位數）。*41*

Marzano、Pickering 及 Pollock 等學者，在其以「研究為本的策略」增進學生成績的研究中提出：相關研究顯示採用該種策略之後，學生成績排名的百分位數有進步，其進步範圍在十八到四十一個百分位數之間。*42* 另外，Marzano 等人從學業目標設定的研究歸納了三項結論：

1. 教學目標會窄化學生的焦點。因此，雖然學生在教學符合特定學業目標時通常得分較高，卻很有可能在評量內容符合教材但超出學業目標時，獲得較低的分數（大約八個百分點）。
2. 教學目標不應過於特定。換言之，以行為目標格式陳述的

教學目標，其產生的學習進步不如以更普遍格式所撰寫的
目標。

3. 教師應鼓勵學生將教師設定的學業目標個人化。一旦訂妥
班級的學業目標，教師應鼓勵學生將其轉換為適合個人需
求的目標。*43*

㈡關於學業目標設定的早期觀感

本書雖然不可能呈現學業目標設定過程的確實結果，但是亞
歷山卓公立學校學區的內部利害關係人在接受作者訪談後，提供
了教師和行政人員關於學業目標設定被納入評鑑過程的觀感（這
些回饋意見的提供者包括了教育局官員、校長及 PEP 專家）。

各方人士都同意的一項看法是 PEP 專家扮演的關鍵角色。簡
言之，PEP 專家被認為是學業目標設定過程的基石，教師或行政
人員是否覺得評鑑辦法增加專業發展和學生學習的附加價值，他
們是決定性的因素。有需要給與 PEP 專家更廣泛的訓練以加強其
工作效能，因為他們負責各種不同的任務，包括推動有關教學策
略的教師發展、訓練教師如何適當使用及解釋學生資料，以及對
教師提供持續的支持。PEP 專家也需要隨時待命協助教師，理想
上，PEP 專家應該駐校，以強化學業目標設定工作的效能。

㈢行政人員的觀感

行政人員指出，學業目標設定過程對教師有幫助，並且使他
們能夠確認教師需要協助的地方，但他們也承認目標設定過程會
增加教師的壓力和工作負荷；行政人員發覺目標設定對評鑑辦法
的其他部分是重要的補充，包括了觀察和教師檔案；他們也認為

目標設定過程將教學成功的責任放在教師的肩上是公平的。總之，行政人員相信評鑑辦法的學業目標設定部分，對於教師教學和學生的學業進步都有重大影響。

㈣教師的觀感

就如行政人員一般，教師也說，學業目標設定的過程的確幫助他們把焦點更清楚放在學生的學習需求上，並讓他們從而調整教學；教師也指出，這個過程會增加他們的壓力程度和工作負擔；教師把目標設定視為公平的過程，只要焦點持續放在教師專業發展和學生的學業成長；又和行政人員持相同看法的是，教師相信目標設定是評鑑過程的要素，但是必須藉由評鑑辦法的其他元素來保持均衡。

八、結語

雖然仍在發展的初期，PEP的學業目標設定過程顯然有潛力轉換教師計畫教學及實施教學的方法，亞歷山卓市的助理學監說，學校系統正目睹「教師與評鑑者在如何思考評鑑方面的典範移轉」。[44] 我們相信本學區的目標設定過程提供了連結教師與學生學業表現的合理方式，學業目標設定與精熟學習策略以及起點認知先備能力都有關連，而後兩者已被證明能增進學生的成就；雖然學業目標設定只是整體教師績效評鑑辦法的一個面向，整體辦法的焦點則是改進教學品質，如同亞歷山卓學區的公立學校教師與行政人員所說，目標設定的過程強化教師的反省與同儕關係，同時也促進合作取向的教師評鑑；最後，此過程鼓勵教師將焦點

放在學生的學習需求上,並且根據學生資料做出資料帶動的教學決定,就如某位行政人員的生動闡述:「學業目標確實給與我們努力的方向,如果我們做不到……嗯,那就有點像朝星星飛去卻降落在月球上,反正我們向著更肯定的方向移動。」[45]

註解

1. Alexandria City Public Schools. (2003a). Fast facts: Alexandria City Public Schools at a glance. Retrieved February 15, 2004, from http://www.acps.k12.va.us/fastfact.php
2. Alexandria City Public Schools. (2003b). Proposed operating budget FY 2005: Special needs enrollment. Retrieved February 15, 2004.
   http://www.acps.k12.va.us/budgets/op2005_b.pdf
3. Alexandria City Public Schools. (2003c). ACPS food and nutritional services. Retrieved February 15, 2004, from http://www.acps.k12.va.us/fns/stats.pdf
4. Alexandria City Public Schools, 2003a.
5. Alexandria City Public Schools. (2003d). About ACPS. Retrieved February 15, 2004, from http://www.acps.k12.va.us/promo.php
6. Alexandria City Public Schools, 2003a.
7. Alexandria City Public Schools. (2003a); Virginia Department of Education. (2003). Summary FY 2003: Increases in classroom teacher salaries. Retrieved February 25, 2004, from www.pen.k12.va.us/VDOE/Finance/Budget/2002-2003SalarySurvey FinalRptforweb.pdf
8. Alexandria City Public Schools, 2003a.
9. Wilkerson, D., Manatt, R., Rogers, M., & Maughan, R. (2000). Validation of student, principal, and self-ratings in 360-degree feedback for teacher evaluation. *Journal of Personnel Evaluation in Education, 14*(2), 179–192.
10. Wright, S., Horn, S., & Sanders, W. (1997). Teacher and classroom context effects on student achievement: Implications for teacher evaluation. *Journal of Personnel Evaluation in Education, 1*(11), 57–67.
11. Administrator A, personal communication, October 30, 2003.
12. Stronge, J. H. (1997). Improving schools through teacher evaluation. In J. H. Stronge (Ed.), *Evaluating teaching: A guide to current thinking and best practice* (pp. 1–23). Thousand Oaks, CA: Corwin Press.
13. Stronge, J., & Tucker, P. (2000). *Teacher evaluation and student achievement*. Washington, DC: National Education Association, p.53.
14. Alexandria City Public Schools. (2000a). *Teacher evaluation technical manual*. Alexandria, VA: Author, p. 8.
15. Wright et al., 1997.
16. Stronge, 1997.
17. Alexandria City Public Schools, 2000a, p. 28.
18. Alexandria City Public Schools, 2000a, p. 31.
19. Virginia State Department of Education. (2000). *Virginia school laws*. Charlottesville, VA: The Michie Company.
20. Alexandria City Public Schools. (2000b). *Academic goal-setting*. Alexandria, VA: Author, p. 53.
21. Administrator E, personal communication, December 3, 2003.
22. Teacher B, personal communication, November 25, 2003.
23. Administrator B, personal communication, October 30, 2003.
24. Teacher A, personal communication, November 25, 2003.
25. Teacher E, personal communication, December 3, 2003.
26. Teacher B, personal communication, November 25, 2003.
27. Teacher F, personal communication, December 3, 2003.
28. Teacher E, personal communication, December 3, 2003.
29. Administrator C, personal communication, October 30, 2003.
30. Administrator E, personal communication, December 3, 2003.
31. Administrator C, personal communication, October 30, 2003.
32. Teacher F, personal communication, December 3, 2003.
33. Little, J., Gearhart, M., Curry, M., & Kafka, J. (2003). Looking at student work for teacher learning, teacher community, and school reform. *Phi Delta Kappan*, 85(3), 185–192.
34. Teacher B, personal communication, November 25, 2003.

35. Carey, K. (2004). The real value of teachers: Using new information about teacher effectiveness to close the achievement gap. *Thinking K–16, 8*(1), p. 6.
36. Teacher B, personal communication, November 25, 2003.
37. Teacher E, personal communication, December 3, 2003.
38. Administrator E, Personal communication, December 3, 2003.
39. Black, P. & Wiliam, D. (1998). Inside the black box: Raising standards through classroom assessment. *Phi Delta Kappan*, 80, 139–148.
40. Bloom, B. S. (1984). The search for methods of group instruction as effective as one-to-one tutoring. *Educational Leadership, 41*(8), 4–17.
41. Walberg, H. J. (1984). Improving the productivity of America's schools. *Educational Leadership, 41*(8), 19–27.
42. Marzano, R. J., Pickering, D. J., & Pollock, J. E. (2001). *Classroom instruction that works: Research-based strategies for increasing student achievement.* Alexandria, VA: Association for Supervision and Curriculum Development.
43. Marzano, Pickering, & Pollock, 2001, pp. 94–95.
44. Lois Berlin, personal communication, March 10, 2004.
45. Administrator E, personal communication, December 3, 2003.

以學生的進步評鑑教師素質：田納西州的加值評鑑系統

學習非偶然可成就，必須熱情追求且勤勉參與。

—Abigail Adams

　　田納西州曾率先在全州實施學生學習進步的評量，田納西州加值評鑑系統（TVAAS）的應用已經超過十年，依賴廣大的學生紀錄資料庫，它的學生成績型態分析是全國最有系統的模式之一。[1]加值的評量結果由學區、學校及班級提供，雖然班級的學生成績報告不公開，但是教師與校長可以使用這些資料判斷學生在班上的進步情形，並且規劃教師專業發展的目標。雖然TVAAS的基本目的是提供學校與學區了解績效責任的機制，但是教師效能報告的確也對於教師自我評鑑和督導過程提供了有用的回饋。[2]

　　TVAAS每年有系統地蒐集全州學生可供比較的資料，這些資料包含了閱讀、英語、數學、科學及社會等五個核心學科，資料

蒐集後使用統計模式進行分析，統計的依據是學業成績的成長或進步而非固定的標準。由於每名學生每年的測驗結果都列入蒐集範圍，因此能針對全州、學區、學校及各班產生學業表現比較的有用資訊。加值分析是多步驟的過程，它能產生對教育者和決策者有用的多種資料數據（見表 6.1）。[3] 學生成績比較可針對任何數量的可能參照團體而做，以衡量學生是否達到平均以上、平均或平均以下的進步，此種資訊對學區和學校的領導者極有價值，他們利用這些資訊追蹤涉及課程、教育計畫及排課的新措施之效果，並用以了解最重要的效果——教師教學成效。

73

表 6.1　TVAAS 提供的基本資訊*

學生層次
- 最近三年每個學科的成績進步情形。
- 三年來的平均進步。
- 各校、各學區、各州及全國的平均進步成績比較。

教師層次
- 最近三年任教班級學生在每個學科和年級的平均進步成績。
- 本年度本學區學生在每個學科和年級的平均進步成績。
- 各校、各學區、各州及全國的平均成績比較。

*TVAAS 的資料庫可以依據學區需要產生許多不同的報告，以上例子只是反映最常使用的資訊；另外，學區和州層次的資訊也可以產生，但這些資訊與探討 TVAAS 的應用沒有多大關係。

資料來源：由田納西州教育廳（Department of Education）准予重製。

一、TVAAS 的目的及發展經過

在一九九二年通過的田納西州《教育改進法》（Education Improvement Act）[4] 的內容中，TVAAS 被採納為整套教育革新政策最核心的部分。《教育改進法》的產生來自法院的判決，此判決裁定田納西州的學校撥款不公平並因此違憲。為獲得工商界支持提高所需的學校預算，州議會必須找尋一套能將學生連結到班級與學校的績效責任制度。這時，田納西大學的 William Sanders 對於某套學生學業成長模式的建議，被納入原來的立法中；接著，Sanders 發展的混合模式的方法被應用於 TVAAS。[5]

Sanders 自此因為加值評量的概念而成名，而加值評量則被採用為有潛力的教師素質評鑑方法。[6] Sanders 花了幾年時間研究教學對學生成就的累積與殘餘效果，[7] 二○○○年時他從田納西大學加值與評量中心主任一職退休，轉任位在北卡羅萊納州的 SAS 公司（SAS Institute, Inc.）之經理，[8] 並繼續為 TVAAS 以及愛荷華、俄亥俄、科羅拉多及賓夕法尼亞等州的學區分析資料。[9]

Sanders 設計 TVAAS 的目的在評量「學校系統、學校及教師對學生學習指標的影響」，[10] 使用 TVAAS 為基礎，田納西州議會設定了一套學區的績效標準要求「證明每個年級每一學科的平均進步成績，高於或等於全國的平均。」[11] 這套標準也顯示，州議會期望每位教師都能努力使任教的各班級達到相似的目標。一九九六年時，上述期望轉為實際要求，教師對學生學習的影響成為教師評鑑採用的資料來源之一。[12]

TVAAS 的基本目的在滿足田納西州《教育改進法》對績效責

任的要求，其作法是提供資訊確認教師、學校及學校系統在促進學生成績進步方面，是否達到以之前三年進步成績所做的預估。雖然 TVAAS 的資訊未被用為評鑑各層次效能的唯一指標，但是關於學校與學校系統的資訊會被公布，並且造成要求繼續改進的政治壓力，因為將有關學生成就的資料用於發展學校和學區的改進計畫，是州議會明確的期望。在個別教師的層次，統計資訊不會公布，只提供給教師及其主管研閱，然後作為擬訂個人專業發展計畫的資料來源之一（見附錄 F）。

　　一九九五年，田納西州的教育理事會要求重新評估教師評鑑的指導原則，以因應研議中的教師請領執照標準、學校改進計畫的程序修正，以及本州新推動的教育計畫。教育理事會在一九九七年通過了「教師評鑑與專業成長綱領」（The Framework for Evaluation and Professional Growth），並在二〇〇〇年加以推廣，以「促進推動『課程與教學綱要』（Curriculum and Instruction Frameworks）和學校改進計畫程序等等本州當前的新計畫，並且改善所有教師的評鑑作業品質。」*13*

　　根據「教師評鑑與專業成長綱領」的手冊說明，評鑑強調「透過發展及評鑑教師能力的過程，來改善學生的學業表現。」*14* 表 6.2 的例子說明了學生的評量如何整合納入教師的評鑑過程，其中的表格是「教師資訊紀錄」（Educator Information Record）的一部分，其完整文件請詳閱附錄 F。在該附錄中，也可以找到「教師評鑑與專業成長綱領」的簡介、以及判斷「學習評量與教師評鑑」績效面向所採用的評量指標或評鑑標準。

　　如表 6.2 所示，TVAAS 的第二項目的是對於課程計畫、教育計畫評鑑及因材施教策略等，提供回饋的機制。年度報告中的測

表6.2　教師資訊紀錄樣本

各寫出一項班級學生在教學前和教學後的成績狀況，包括學生表現的進步量，以及如何應用相關結論做出教學決定（使用的測驗複本可附於後）。

教學前的成績資料	教學後的成績資料	結論

如何使用上述資訊：

資料來源：由田納西州教育廳（Department of Education）准予重製。

驗結果資料按照學科、年級、成就水準等分項統計，因此能告知學校其所修正的教育計畫如何影響學生成就；由於測驗結果依照成就水準分類，這些報告對於教育計畫修正如何影響從低到高成就的各能力層級學生，也能提供形成性的資訊；再者，這些資料也同時提供關於教師和學生成功情形的數據。[15]

　　TVAAS維持縱貫型資料庫的另一項目的是為了教育研究，擁有超過十年以上、幾百萬筆的學生成績資料，其資料分析結果可用來檢視各種教育計畫介入對於不同年級、不同學科，甚至不同成就水準學生的影響。其他幾項研究計畫也已經被內部機構執行，或者和其他研究者合作執行，其中一例是關於檢視「變化漸增」現象（building change phenomenon）的研究，[16]該研究證明學生在剛升上更高教育階段的第一年會出現成績降低情形（如初中的第一年）。這類研究能幫助教師找出阻礙學業進步的因素，以及區

辨能夠維持學業進步以創造更佳學習環境的計畫或策略。

　　例如，最近有項研究使用TVAAS的資料，來檢視田納西州曼菲斯市（Memphis）的重建學校（restructured schools）在學生成就方面的影響。一九九五年，曼菲斯市執行一項包括八所不同學校的全校（whole-school）革新計畫，其目的是為了改進低成就水準學生的學習。藉著使用TVAAS的資料，研究者證明在重建學校的學生比在非重建學校的學生有更大的成績進步，並且評斷哪些革新策略在哪些學校的成效較佳。[17]

76 二、TVAAS 的運作方式

　　相較於其他模式刻意孤立學校教育對學生成就的影響，田納西加值評鑑系統採用的複雜統計方法提供了幾項優點。TVAAS的基礎是每位田納西州公立學校學生長期以來的測驗成績，在多數情況下，資料庫中存有幾年的測驗結果，可被用來預測未來任何一年學生正常的學習進步分數，於是每位學生之前的學業進步就成為其未來成長的比較標準。從統計的觀點而言，TVAAS將每位學生過去的學業成就當作未來成就的控制因素，以隔絕其他影響學習的因素；相反地，其他教師評鑑模式則試圖預測相關變項對學業成就的影響，比如「貧窮」。[18]

　　從一九九三年開始，TVAAS以學區報告的格式，將編輯過的學生學業進步資料提供給各學校系統，這些報告摘要三至八年級學生在閱讀、英語、數學、科學及社會等五個學科的進步分數；此外，TVAAS也提供整個學區學業進步分數的預測，以及全州和全國的平均分數報表。如此一來，就有可能比較幾項資料數據之

間的差異，包括：預測的學區進步分數、實際的學區進步分數、以及實際的全州進步分數。*19*

　　同樣在一九九三年，TVAAS 也開始發布內容更詳細的學校層次統計報告；到了三年後的一九九六年，則首度提供個別教師的統計報告。*20* 學校層次的報告藉著詳細記錄不同成就水準學生的學習進步分數，提供學校形成性評鑑的資料，依據 Sanders 和 Horn 的說法：

> 這些報告讓學校系統能精確找出年級與學科的成績表現問題以及有良好表現的原因，進而引導相關的努力與資源投入。例如：從加強學生的學業進步而言，學校層次的報告不僅使校長知道四年級的數學課程成效如何，也使校長了解此課程對提升高成就學生和低成就學生的成績，是否有相同的成效。*21*

　　教師的統計報告在以下方面包含相似的資訊──班上學生的平均進步分數和預測進步分數，以及學區、全州及全國的平均進步分數。目前，學區、學校及教師的統計報告每年發行一次，表 6.3 與 6.4 是兩則教師用統計報告的實例，在表 6.3 的實例中，教師的教學「效能參差」（varied effectiveness），其教學專長在數學和閱讀，英語的教學時好時壞，社會和科學則最弱；在表 6.4 中，教師具有高度教學效能，其成效包括所有學科並且跨越數年之久。

　　除了將學生的進步分數與預測分數比較之外，以學校或學區統計的進步分數也與全國的常模分數比較，這類統計報告按照每

77

78 **表 6.3 TVAAS 報告樣本——評量某位教學效能參差的教師**

二○○二年 TVAAS 教師的報告

教師：教學效能參差　　學校系統：都市學區
學校：CCC　　　　　　年級：五年級

估測的平均進步分數及其標準誤（括弧中的數字）

	數學	閱讀	英語	社會	科學
全國常模的進步分數	20.0	13.0	15.0	13.0	16.0
本州的平均進步分數	21.8	14.3	11.9	11.8	18.8
二○○○年教師的進步分數	18.6 (4.1)	14.4 (3.6)	2.6 (3.7)	2.8 (3.6)	11.2 (4.0)
二○○○年學校系統的進步分數	17.7 (0.3)	17.0 (0.3)	12.3 (0.3)	9.8 (0.3)	17.0 (0.3)
二○○一年教師的進步分數	48.7 (4.1)	21.8 (3.4)	29.2 (3.7)	8.2 (3.6)	17.4 (3.9)
二○○一年學校系統的進步分數	17.1 (0.3)	13.8 (0.2)	11.8 (0.3)	11.7 (0.3)	15.6 (0.3)
二○○二年教師的進步分數	36.9 (5.0)	19.5 (4.3)	11.9 (4.2)	8.7 (4.9)	8.8 (6.3)
二○○二年學校系統的進步分數	26.1 (0.3)	13.7 (0.2)	11.5 (0.3)	12.1 (0.3)	14.8 (0.3)
教師近三年的平均進步分數	34.7 (2.5)	18.6 (2.2)	14.6 (2.2)	6.6 (2.4)	12.5 (2.8)
學校系統近三年的平均進步分數	20.3 (0.2)	14.8 (0.1)	11.9 (0.2)	11.2 (0.2)	15.8 (0.2)

教師近三年平均進步分數比較：

	（數學）	（閱讀）	（英語）	（社會）	（科學）
教師 vs.常模：	高於常模	高於常模	與常模 NDD	低於常模	與平均數 NDD
教師 vs.全州：	高於平均數	與平均數 NDD	與平均數 NDD	低於與平均數	低於平均數
教師 vs.學校系統：	高於平均數	與平均數 NDD	與平均數 NDD	與平均數 NDD	與平均數 NDD

註：NDD = Not Detectably Different（在兩個標準誤之內未有可檢測到的差異）

79 教師近三年的平均進步分數——以量表分數呈現（大約95%的信心水準）

```
            0          10          20          30          40          50
            +.........+.........+.........+.........+.........+.........+.........+.........+.........+.........+
數學                              NL  S         ( -------- T ------ )
閱讀                         N  SL ---- T ---------- )
英語                         (-- * -- TN --- )
社會              ( ------- T ------- LS N
科學              ( ------- T ----- LN -- ) S
```

文字說明：T = Teacher Gain（教師進步分數）；L = System (LEA) Mean Gain（學校系統平均進步分數）；
　　　　　S = State Mean Gain（全州平均進步分數）；N = National Norm Gain（全國常模的進步分數）

星號(*)表示兩個以上的符號同時並存

表中的教師進步分數估測值是 TVAAS 正式的數據，它們經由混合模式的統計方法算出，目的在避免隨機產生錯誤的數據。統計時先假定每位教師的進步分數等於學區的平均進步分數，當實際數據大到一定程度就會脫離學區平均分數。由於加入最近的學生成績資料，今年所做的近三年進步分數估測值可能會變動。

資料來源：William Sanders 提供及准予重製。

表 6.4 一位高效能教師的 TVAAS 報告樣本

二○○二年 TVAAS 教師的報告

教師：高效能教師　　學校系統：都市學區
學校：AAA　　　　　年級：五年級

估測的平均進步分數及其標準誤（括弧中的數字）

	數學	閱讀	英語	社會	科學
全國常模的進步分數	20.0	13.0	15.0	13.0	16.0
本州的平均進步分數	21.8	14.3	11.9	11.8	18.8
二○○○年教師的進步分數	8.6 (3.6)	18.5 (2.9)	15.7 (3.0)	9.3 (2.9)	6.6 (3.9)
二○○○年學校系統的進步分數	17.7 (0.3)	17.0 (0.3)	12.3 (0.3)	9.8 (0.3)	17.0 (0.3)
二○○一年教師的進步分數	29.5 (4.0)	22.8 (3.2)	19.8 (3.5)	14.1 (3.1)	16.4 (4.1)
二○○一年學校系統的進步分數	17.1 (0.3)	13.8 (0.2)	11.8 (0.3)	11.7 (0.3)	15.6 (0.3)
二○○二年教師的進步分數	59.3 (4.8)	23.6 (3.6)	30.5 (4.0)	21.9 (4.1)	40.4 (5.0)
二○○二年學校系統的進步分數	26.1 (0.3)	13.7 (0.2)	11.5 (0.3)	12.1 (0.3)	14.8 (0.3)
教師近三年的平均進步分數	32.3 (2.4)	21.6 (1.9)	22.0 (2.0)	15.1 (2.0)	21.1 (2.5)
學校系統近三年的平均進步分數	20.3 (0.2)	14.8 (0.1)	11.9 (0.2)	11.2 (0.2)	15.8 (0.2)

教師近三年平均進步分數比較：

	（數學）	（閱讀）	（英語）	（社會）	（科學）
教師 vs.常模：	高於常模	高於常模	高於常模	與常模 NDD	高於常模
教師 vs.全州：	高於平均數	高於平均數	高於平均數	與平均數 NDD	與平均數 NDD
教師 vs.學校系統：	高於平均數	高於平均數	高於平均數	與平均數 NDD	低於平均數

註：NDD = Not Detectably Different（在兩個標準誤之內未有可檢測到的差異）

教師近三年的平均進步分數──以量表分數呈現（大約 95%的信心水準）

```
          0         10        20        30        40        50
          +.......+.......+........+.........+........+.........+.........+.........+.........+.........+
數學                           NL S  ( -------- T -------- )
閱讀                       N  SL  ( ----- T ----- )
英語                      *     N  ( ------- T ------ )
社會                  LS-N -- T -------- )
科學                  LN ---S ----T -------- )
```

文字說明：T = Teacher Gain（教師進步分數）；L = System (LEA) Mean Gain（學校系統平均進步分數）；
　　　　　S = State Mean Gain（全州平均進步分數）；N = National Norm Gain（全國常模的進步分數）
星號(*)表示兩個以上的符號同時並存

表中的教師進步分數估測值是 TVAAS 正式的數據，它們經由混合模式的統計方法算出，目的在
避免隨機產生錯誤的數據。統計時先假定每位教師的進步分數等於學區的平均進步分數，當實際
數值大到一定程度就會脫離學區平均分數。由於加入最近的學生成績資料，今年所做的近三年進
步分數估測值可能會變動。

資料來源：William Sanders 提供及准予重製。

一年級和學科列出與全國常模分數的差距，因此能告知學校或學區：與其他地區的學生比較，他們的學生是否有可資比較的進步。學校和學區被要求達到全國常模的進步分數，而不是必須達到全國常模的原始測驗分數。「累計的平均進步分數是評量學校教育成功與否的基本指標」，[22] 這項指標也使得學業成長成為資料分析的一貫核心。

為證明使用學生進步分數評量教學效能的取向，Sanders 與 Horn 分析了全州各校的學生累計進步分數，他們「發現累計進步分數和學校的學生族裔分布、減免午餐費的學生人數百分比，或是全校學生的平均成就水準等，均無關連。」[23] 換言之，經常與低成就水準連結的因素（如種族和貧窮），其實和學業進步分數不相關。據某位人士的說法，TVAAS 促使焦點從絕對的成就水準轉移到學習的進步，由此有助於認可州內學校的一些真正的傑出教師。這些傑出教師除了近來與學生共創顯著的學習進步之外，過去一直被忽略。[24]

另一方面的必然結果則是，研究常發現高成就的學生每年只有少量的進步，這種情形對教師也是一種問題和挑戰。[25] 總之，據 TVAAS 的研究，學生學業成長的基本預測指標不是先前的學生成就水準、種族、貧窮或社會階層，而是教師效能。[26]

(一)安全措施

TVAAS 建立了幾項安全措施來加強系統的公平性：

82

1. 學校、學校系統及教師的效能預測，須依據三年以上且不超過五年的評量資料，以確保統計數值的穩定。[27]

2. 不依據TVAAS的資料，單獨評鑑學校、學校系統及教師。[28]

3. 應用不同的媒體促進教育人員了解如何解釋及使用TVAAS，這些媒體包括小冊子、報告、工作坊、真人演示及錄影教學。

4. 「縮小」預測值是一種統計方法，用來確保教師、學校或學校系統對學生學業進步之影響的正確預測。對教師而言，這意味著「先假定所有教師在所屬的學校系統中的表現都是平均值，直到實際數值高到將某些特定的預測值拉離平均數。」[29] 此種統計工具能保護教師、學校及學校系統在測驗結果方面免於受到短期波動的影響，或者免於其他偏差的資料分析造成正確結果的錯誤解釋。

5. 學生每年應接受新穎、相當、簡明無累贅、而且具有高信度和效度的測驗。」[30] 這樣做能確保每年的測驗結果在統計上可以比較，同時特定試題會刻意不同以利把『為測驗而教學』的情形減至最低程度。」[31]

6. 被學校特殊教育小組鑑定確認的特殊學生，應被排除在教師效能的分析之外；然而，實際上並沒有學生被排除在學校效能的分析之外。

7. 除非每學年的到校出席率達到一百五十天，否則這類缺席率高的學生會被排除在教師的評量資料之外。[32]

8. 藉著對不當行為的嚴格懲罰，測驗的安全維護為高度優先；TVAAS 也有「剔除」（kick out）可疑資料的設計。[33]

9. 由於對個人而言，貧窮、英語不流利、父母教育水準及其他變項，每年都相當固定，這些變項的影響程度預測值都不必列入。

三、TVAAS 的學生評量策略

TVAAS 使用的資料來自正在全州實施的一項測驗辦法，但如果更適當的評量工具被發展出來，TVAAS 可能使用其他類別的資料。田納西州目前使用的評量工具包括：

83
1. 田納西州綜合評量辦法（Tennessee Comprehensive Assessment Program），適用於三至八年級的科學、數學、社會、英語及閱讀等學科。*34*
2. 列入學期成績計算的高中學科課程結業測驗。
3. 五、八、十一年級的寫作測驗。*35*

田納西州綜合評量辦法（TCAP）給合了來自 TerraNova*36* 的常模參照題目，以及由教師選出、能充分反映田納西州學校課程的標準參照題目，這兩類題目經統計分析發現有高度相關，目前 TCAP 的課程結業測驗包括了九至十二年級的主要科目範圍。（譯註：TerraNova 是 McGraw-Hill 公司出版的測驗。）

使用 TCAP 的資料時，需採用下列步驟來確認測驗的資訊有用：

1. 為每一名學生在每個科目的測驗分數，訂出改進或進步的分數。
2. 根據學生過去的學業表現，比較學生的真實進步和預期進步。

3. 將個別學生的進步分數編入全班、全校、全學區及全州的
統計數據中。

4. 對照全校、全學區、全州及全國的平均進步，比較分項統
計的資料。

四、學習評量系統與教師評鑑的關係

　　《教育改進法》要求，當某位教師有 TVAAS 資料可用時，該
名教師的評鑑必須使用 TVAAS 資料，但不得以該資料作為唯一來
源。根據「教師評鑑與專業成長綱領」，教師必須與校長一起擬
訂專業發展計畫，計畫內容應與學校的改進計畫連結，並顯示對
於教師個人的 TVAAS 報告之反省。教師個人的 TVAAS 報告提供
了有用的診斷性資訊，能幫助教師依據符合課程的評量理念來改
進教學，而教師評鑑的其他選擇包括：(1)認知訓練（cognitive co-
aching）；(2)教師設計的專業發展計畫；(3)合作教學有關的計畫及
(4)教室觀察。*37*

　　「教師評鑑與專業成長綱領」明顯強調教學的結果，根據手
冊的內容，該綱要「設計的評鑑過程要求檢視——

84

1. 哪些是學生需要知道並有能力做的事。

2. 哪些是教師為影響學生學習而持續在做的事。

3. 學生在達成學習目標方面的成功程度。

4. 對於繼續任教及未來專業成長的涵義。」*38*

五、TVAAS 的優點和缺點

　　TVAAS 在評量學生進步方面，是一套構思縝密又運用高度技術的統計方法，其產生的縱貫型資料庫，對檢視教師及學校對學生學習的影響，提供了絕佳的研究工具和有用的資料，然而考慮到 TVAAS 對紙筆測驗的依賴，有關其在教師評鑑的應用尚有存疑。以下所述為 TVAAS 較為特定的一些優缺點。

(一)優點

　　優點包含強大的統計性質和強調改進學生的學業或進步分數：

1. TVAAS 以複雜的統計模式為基礎，能處理多達數年的學生成績資料 [39]

　　不像大多數的州級資料庫，田納西州的模式從學生的在學年級追查學生，以個人為單位連結學生的量尺分數（scale scores）及計算進步分數，而後將進步分數依班級、學校、學區及州分層分項統計。

2. TVAAS 被統計專家評為穩固、公平、可靠及有效的系統 [40]

　　依據 Walberg 和 Paik 所做的評論，「TVAAS 特別強大的特點，是能夠分析累計數年的教師資料，以及明確的系統穩定性——除了縱貫型資料庫無所不在的空值（missing data）問題之外。」[41]

3. 能順應學生個別差異，把焦點放在進步分數而非根據固定標準的成績表現

　　學生被要求表現成長和進步，但不必做到進步速度相同或在同一時間內達到相同目標。有些學校在上數學課時，常常將學生

重新分組以利教學更集中在學生較弱的能力或概念。教師將這些看作是積極的改變，他們知道「接受孩子本來的狀況，然後教導他們獲得最大發展。」*42*

4. 教師的資料對於學生的進步以及教師影響學生學習結果的能力，提供了相當簡單的評量方法

教師認為 TVAAS 的應用一部分是為了讓大眾了解教師教學成果的數據，另一部分則是為了盡量使學校提高效能，雖然一開始他們覺得茫然不知所措，但也逐漸達到滿意的程度，並且相信這套系統是有建設性的工具。*43*

5. TCAP 有良好的內容效度，它和田納西的學校課程有高度的一致性 *44*

田納西州綜合評量辦法的成就測驗，實際上同時包括了符合本州課程的常模參照與標準參照題目，這兩類題目之間也有高度的相關。*45*

6. 研究發現 TVAAS 測定的教師效能和視導人員主觀判定的教師效能之間，有正向的相關存在

有項關於 TVAAS 可行性的研究，發現學生進步分數的量化測量數值，和教學視導人員對教師效能的現場判斷之間，存在中度的相關。*46*

(二)缺點

TVAAS 被提到的缺點有部分起因於複雜的統計，有部分大體上是對測驗的疑慮：

1. TVAAS 涉及複雜的統計分析，使用者需有基本的程式設計及電腦能力

田納西大學加值暨評量中心原先發展的軟體，是用來處理混合模式在大型資料庫的應用，其資料處理原本在「有十億位元（gigabytes）實體記憶和一百三十億位元硬碟空間的 UNIX 工作站」[47]。今天，位在北卡羅萊納州的 SAS 機構則為田納西及其他幾州處理資料。對許多使用者來說，承擔這套複雜系統所需的統計專長和電腦能力將是一大挑戰。

2. TVAAS 模式假定各校及各班學生是隨機分配組成的

86

事實並非如此，證據顯示低社經地位的學生不僅一開始的學業表現即偏低，其進步的速度也較慢。因此，大量的低社經地位學生可能會產生偏低的進步分數，使得甚至最有成就的教師都被不公平地抹煞了努力。[48]

3. TVAAS 資料有被誤用或錯誤解釋的可能

TVAAS 的應用引發某些疑慮，例如教師評鑑過度依賴 TVAAS，以其作為判斷成功的唯一指標，甚至基本指標；行政人員對 TVAAS 的使用及解釋缺少訓練；以及龐大的學生學習體系超越了 TVAAS 的評量能力。研究發現校長使用 TVAAS 資料的方式有不同差異，而且涵蓋正面的與負面的使用方式。[49] 在某些情況下，教師指出校長誤用這些資料並且很不公平地責怪教師教學成效不佳；但某些接受訪談的教師則證實 TVAAS 的資料只被用作補救教學或重新分配教師職務，並不是為了解聘教師。[50]

4. 每年測驗學生一次是重大的時間、經費及人力投資

也有人擔憂 TVAAS 的效益抵不上支出，若將經費用於教師專業發展的相等投資，可能更有利。[51] 在一九九五年，TVAAS 的支

出是每名學生 0.6 美元,而 TCAP 是 3.59 美元,兩者相加還少於當年度田納西州每位學生平均教育費用的 1%。[52]

5. TCAP 對目的複雜的教育只提供了有限的評量方法

根據像 Linda Darling-Hammond 的批評,我們質疑「單選題真正能評量的是什麼……這些都無法顯示在講求實作的脈絡下所需要資訊應用能力。」[53]

6. TVAAS 的研究發現尚未被獨立的研究確認

有些研究者質疑 TVAAS 統計方法的效度,並建議在大幅推廣之前先做更多的研究。[54] 然而根據田納西財政部審計員對 TVAAS 所做的一項獨立評鑑,發現教師影響學生成績進步的預測值相當穩定,並且能夠區別教師效能的優劣。[55] 但是,仍有需要針對 TVAAS 的設計及應用進行更多的研究。

值得讚揚的是,Sanders 繼續發展能支持 TVAAS 應用的統計方法,但也承認此套系統的限制,他說:「我們無法評量教師在教室中所做的全部重要事情,但這不表示我們不應該評量可以評量的事。」[56]   *87*

六、TVAAS 的實施結果

TVAAS 對學生學習的影響是最重要的事,田納西州已經證明,一九九一至一九九七年期間在學並接受測驗的八年級學生,其學業成績逐年增加,而這段期間正好首度實施 TVAAS。[57] 在那幾年,經 TVAAS 評量之後,學生平均成績增加的學科有數學、科學及英語;然而,社會科的平均成績維持一定,閱讀則稍微下降(兩個量尺分數)。二〇〇三年的 TVAAS 報告顯示,除了其中一

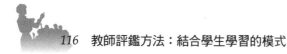

個受測的年級之外，數學科三年的全州平均進步分數及平均量尺分數都超越全國的常模；不過，閱讀測驗的成績表現就比較混雜。[58] 全國教育進步評量（National Assessment of Educational Progress, NAEP）的資料顯示，一九九二至二〇〇三年田納西州四年級和八年級學生的數學成績增加到接近全國的平均成績；閱讀的成績仍舊平平但是和全國的平均成績一致。[59] 總之，TVAAS 剛實施時，田納西州學生的數學成績就開始提升，之後就一直趨近 NAEP 資料顯示的全國平均進步成績。

TVAAS 的另一個影響範圍是提供教師發展的焦點。測驗資料被用於確認教學不足的地方，以利修正課程或教學策略（如寫作的教學），其做法為根據學生測驗結果的資料，並參酌教師自陳的主觀與客觀的改進數據，實施密集的教師發展活動；許多教師向教學效能高的同科教師徵詢想法和建議，這些高效能的教師透過教學觀察和工作坊與同儕分享他們的工作，例如全州施行的「第一條款會議」（Title Ⅰ），就是由教學效能優異的教師擔任論壇的發表人。[60]

最近，田納西州提倡使用 TVAAS 的教師個人報告，作為證明教師屬於《有教無類法》規定的「高度合格」教師。以 TVAAS 資料來證實自己的專業能力是教師的自由選擇，有關學生測驗分數的資訊仍列入保密。學生三年平均進步分數的資料將會符合聯邦法規的「高階、客觀及統一的全州評鑑標準」（high, objective, uniform state standard of evaluation）或者又稱「HOUSE 要求」，而這個概念似乎同時受到美國教育部和田納西教育協會（Tennessee Education Association）的支持。[61]

TVAAS 資料的另一項革新的用法是，選拔適合到田納西 Chattanooga 學區最具挑戰學校任教的高效能教師。連同學生作品檔案和教學計畫的 TVAAS 測驗資料，被用於區辨當地九所測驗分數最低學校擬聘教師之教學能力。這些教師在低績效表現的學校任教，每年可額外獲得五千元美金的津貼；但對大部分教師而言，認可和挑戰才是他們參加選拔及轉任的原因。

除了招募有才能的教師，這個學區還有其他配套措施，包括：三分之二的學校改變了領導方式、有些教師被解聘、增加了更多的教師訓練、強調資料的使用以告知教師教學成效，以及提供金錢的誘因使優秀的教師留任等。經過兩年的實施，三年級學生的閱讀測驗成績超越該年級程度的人數增加了十個百分位數。[62]

除了上述成功使用 TVAAS 的實例之外，TVAAS 並未得到普遍的支持。事實上，田納西州州議會在二〇〇四年的會期中，曾有兩個欲淘汰 TVAAS 的法案列入議程。來自那許維爾（Nashville）的兩位議員提出議案，以回應那許維爾公立學校對原始分數和加值數據之間差距的疑慮，田納西教育廳的議會聯絡員（legislative liaison）則建議兩位議員的提案需要探討。[63] 同時，服務於教育信託基金會（Education Trust）的 Kevin Carey 在近期的《思考幼稚園到高中教育》（*Thinking K-16*）期刊中，描述 TVAAS 是評鑑教師效能的最佳範例模式。TVAAS 的爭議不休，但是為其背書者顯然勝過貶抑者。[64]

(一)教師的觀點

被訪談的田納西教師認為 TVAAS 的評鑑結果會增加工作壓力，但也「使人保持警覺」。有關應用 TVAAS 評量學生的學習，提倡者與質疑者的人數都很多，有位教師提到，「我們不能因為

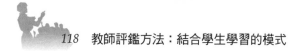

89 　　學生的進步或退步而責怪別人；學生的學習是教師的責任。」[65]這個說法使她停止抱怨並開始檢視自己的教學，她發現沒有給學生足夠的複習時間來精熟教材，稍微改變教學之後，班上學生的學年成績有了明顯進步。[66]但有其他教師仍舊懷疑或批評TVAAS並且希望它早日消失。[67]

　　就教學而言，接受訪談的教師表示，他們目前在各學科的教學都達到更高的層次，而且教學方式更以課程為焦點；有位教師說，「不再有一堆胡扯的話，整天都在教學」。[68]另一位教師提到的教學改變是在科學，該學科更強調操作以增進學生的問題解決能力，而這類能力反映在科學課程內容及TCAP的測驗題目上。根據有限的教師樣本，固然無法得知一般教師對TVAAS的看法，但是某些教師的確認為它是一套改進教學的方法。[69]

㈡校長的觀點

　　有些校長發現，TVAAS提供的學校本位的和教師本位資料有助於學校的改進，「一旦了解哪些資料對你有用，你就獲得改變學校的理念和意願，你能徹底改變每位學生的學習。就是這麼簡單！」[70]另一位校長說，TVAAS的資訊能加強資料帶動的決定，進而對學生產生好的進步和以校為榮的感覺，這些回饋的資訊幫助每個人聚焦在成就上並且改善表現。

　　East Knox縣Carver小學的前任校長Rick Privette說，他試著以非脅迫的方式與教師分享TVAAS的資料，並加上專業的判斷以平衡這些資料；他詳細檢視相關資料以找出測驗結果的模式，如果有必要，就在年度的校務發展計畫中提出需要改善的地方；他也強調，測驗結果不作為教師評鑑的唯一方法。[71]

七、結語

TVAAS 的設計者表示，此系統的目的在提供資訊給教育人員，這些資訊將助長改進學生學業進步的趨向，因而使學生無論在哪一個地區就學，都能獲得均等的教育機會。*72* Sanders 說：「我希望我們的研究作為診斷之用，讓教師能夠思考他們目前的工作以及如何改進工作。」*73* 如果適當地實施和分析，測驗結果可協助理解學校教育的成效——尤其教學對學生學習的影響。TVAAS 的結果指出，田納西州的學生在 TCAP 的表現愈來愈好，教師也說他們更關注教學的活動。

當學校和政策制定者積極追求改進教育品質的更佳方式時，TVAAS 藉著把焦點從固定的標準轉移到強調學業進步和個別探討學生的進步，以凸顯它的特色。Sanders 與 Horn 在談到教師對學生的道德責任時說：

> 發展 TVAAS 系統的前提是，社會有權力要求學校提供學
> 生學業進步的機會，不論學生入學時的成就水準如何。
> 換言之，所有學生都有能力而且應該從事與其能力相稱
> 的學習。*74*

TVAAS 的資料對學習的過程提供重要的回饋，並且透過系統化的有效方式，將評鑑過程告知相關人士。如果只是作為資訊的來源之一，並在適當的脈絡下使用這些資料，對告知教學狀況和加強學生成就都有極大的用處。

90

註解

1. Carey, K. (2004). The real value of teachers: Using new information about teacher effectiveness to close the achievement gap. *Thinking K–16, 8*(1), p. 38.

2. Sanders, W. L., & Horn, S. P. (1994). The Tennessee Value-Added Assessment System (TVAAS): Mixed-model methodology in educational assessment. *Journal of Personnel Evaluation in Education, 8,* 299–311.

3. Sanders, W. L., Saxton, A. M., & Horn, S. P. (1997). The Tennessee Value-Added Accountability System: A quantitative, outcomes-based approach to educational assessment. In J. Millman (Ed.), *Grading teachers, grading schools: Is student achievement a valid evaluation measure?* (pp. 137–162). Thousand Oaks, CA: Corwin Press.

4. Education Improvement Act, 9 Ten. Stat. Ann. §49-1-603-608 (1990 Supp. 1992).

5. Hill, D. (2000). He's got your number. *Teacher Magazine, 11*(8), 42–47.

6. Vaughan, A. C. (2002). Standards, accountability, and the determination of school success. *The Educational Forum, 22,* 206–213.

7. See Sanders & Horn, 1994; Wright, S. P., Horn, S. P., & Sanders, W. L. (1997). Teacher and classroom context effects on student achievement: Implications for teacher evaluation. *Journal of Personnel Evaluation in Education, 11,* 57–67; Sanders, W. L., & Horn, S. P. (1998). Research findings from the Tennessee Value-Added Assessment System (TVAAS) database: Implications for education evaluation and research. *Journal of Personnel Evaluation in Education, 12,* 247–256.

8. Hill, 2000.

9. See Dr. William L. Sanders at http://www.sas.com/govedu/education/evaas/bio.html

10. Sanders & Horn, 1994, p. 301.

11. Ceperley, P. E., & Reel, K. (1997). The impetus for the Tennessee Value-Added Accountability System. In J. Millman (Ed.), *Grading teachers, grading schools: Is student achievement a valid evaluation measure?* (pp. 133–136). Thousand Oaks, CA: Corwin Press, pp. 135–136.

12. Ceperley & Reel, 1997.

13. Tennessee Department of Education. (2000). *Framework for Evaluation and Professional Development.* Nashville, TN: Office of Professional Development, p. 7.

14. Tennessee Department of Education, 2000, p. 7.

15. Sanders & Horn, 1998.

16. Sanders, Saxton, & Horn, 1997, p. 141.

17. Ross, S. M., Wang, L. W., Alberg, M., Sanders, W. L., Wright, S. P., & Stringfield, S. (2001, April). *Fourth-year achievement results on the Tennessee Value-Added Assessment System for restructuring schools in Memphis.* Paper presented at the annual meeting of the American Education Research Association, Seattle, WA.

18. Sanders, W. L. (1998). Value-added assessment. *School Administrator, 11*(55), 24–27.

19. Sanders & Horn, 1998.

20. Sanders & Horn, 1998.

21. Sanders & Horn, 1998, p. 250.

22. Sanders, Saxton, & Horn, 1997, p. 139.

23. Sanders & Horn, 1998, p. 251.

24. Darlington, R. B. (1997). The Tennessee Value-Added Assessment System: A challenge to familiar assessment methods. In J. Millman (Ed.), *Grading teachers, grading schools: Is student achievement a valid evaluation measure?* (pp. 163–168). Thousand Oaks, CA: Corwin Press.

25. Wright, Horn, & Sanders, 1997.

26. Wright, Horn, & Sanders, 1997.

27. Stone, J. E. (1999). Value-added assessment: An accountability revolution. In M. Kanstoroom & C. E. Finn, Jr. (Eds.), *Better teachers, better schools.* Washington, DC: Thomas B. Fordham Foundation.

28. Sanders, Saxton, & Horn, 1997.

29. Sanders, Saxton, & Horn, 1997, p. 143.

30. Sanders & Horn, 1998, p. 255.

31. Sanders, 1998.

32. Sanders & Horn, 1994, p. 303.
33. Sanders, W. L., & Horn, S. P. (1995). *An overview of the Tennessee Value-Added Assessment System.* Knoxville, TN: University of Tennessee Value-Added Research and Assessment Center.
34. Until 1999, the CTBS/4 constituted the norm-referenced portion of the test used by TVAAS. In 1999, Tennessee switched to TerraNova.
35. See www.state.tn.us/education/mtest.htm
36. TerraNova is a test developed by McGraw-Hill.
37. Tennessee Department of Education, 2000, p. 10.
38. Tennessee Department of Education, 2000, p. 8.
39. Kupermintz, H. (2003). Teacher effects and teacher effectiveness: A validity investigation of the Tennessee Value-Added Assessment System. *Educational Evaluation and Policy Analysis, 25*, 287–298.
40. Walberg, H. J., & Paik, S. J. (1997). Assessment requires incentives to add value: A review of the Tennessee Value-Added Assessment System. In J. Millman (Ed.), *Grading teachers, grading schools: Is student achievement a valid evaluation measure?* (pp. 169–178). Thousand Oaks, CA: Corwin Press.
41. Walberg & Paik, 1997, p. 171.
42. All interviews for this chapter were conducted in June 1999. Teachers at Carter Elementary School, personal communication.
43. Glenda Russell, math teacher, personal communication.
44. Bratton, S. E., Jr., Horn, S. P., & Wright, S. P. (1996). *Using and interpreting Tennessee's Value-Added Assessment System: A primer for teachers and principal* [Booklet]. Knoxville, TN: University of Tennessee.
45. Bratton, Horn, & Wright, 1996, pp. 26–28.
46. McLean, R. A., & Sanders. W. L. (1984). *Objective component of teacher evaluation: A feasibility study* (Working Paper No. 199). Knoxville: University of Tennessee, College of Business Administration.
47. Sanders, Saxton, & Horn, 1997, p. 161.
48. Kupermintz, 2003.
49. Gary Harman, President of the Knox County Education Association, personal communication, June 1999.
50. Hill, 2000.
51. Gary Harman, President of the Knox County Education Association, personal communication.
52. Bratton, Horn, & Wright, 1996, p. 30.
53. Darling-Hammond, L. (1997b). Toward what end? The evaluation of student learning for the improvement of teaching. In J. Millman (Ed.), *Grading teachers, grading schools: Is student achievement a valid evaluation measure?* (pp. 248–263). Thousand Oaks, CA: Corwin Press, p. 250.
54. Kupermintz, 2003.
55. Bock, R. D., & Wolfe, R. (1996). *A review and analysis of the Tennessee Value-Added Assessment System.* Knoxville, TN: Tennessee Comptroller of the Treasury.
56. Hill, 2000, p. 45.
57. University of Tennessee Value-Added Research and Assessment Center, 1997.
58. See http://evaas.sasinschool.com/evaas/Reports/TVAAS_DistVA.jsp?districtid=470
59. See http://nces.ed.gov/nationsreportcard/states/profile.asp?state=TN
60. Glenda Russell, math teacher, personal communication.
61. Robelen, E. W. (2003, May 7). Tennessee seeks to use student tests to show teacher quality. *Education Week, 22*, 27.
62. Mathews, J. (2004, February 10). A move to invest more in effective teaching. *The Washington Post*, p. A10.
63. Olson, L. (2004, March 3). Tennessee reconsiders Value-Added Assessment System. *Education Week*, p. 9.
64. Carey, 2004, p. 5.
65. Glenda Russell, math teacher, personal communication.

66. Mathews, J. (2000, March 14). Testing students, scoring teachers. *The Washington Post*, p. A7.
67. Hill, 2000.
68. Teachers at Carter Elementary School, personal communication.
69. Hill, 2000.
70. Archer, J. (1999, May 5). Sanders 101. *Education Week,* pp.26–28, p. 27.
71. Rick Privette, Principal at Carter Elementary School in Knox County, personal communication.
72. Sanders, Saxton, & Horn, 1997.
73. Hill, 2000, p. 42.
74. Sanders & Horn, 1994, p. 301.

7

對教師評鑑的總結想法：
政策和實務的指導原則

有膽識教學的人絕不能停止學習。

—— John Cotton Dana

　　過去二十年來，標準推行運動席捲全國各州，這些力量現在累積成聯邦的《有教無類法》，除了標準本身與聯邦立法還圍繞一些爭議之外，人們思考教育實務所用的架構已經徹底改變。標準被界定為教育界所採用的實質目標，不僅關係到學習內容，也牽涉到學習者和學習效果。現在，大多數州的教育人員對於學生在一學年內應該學會的知能已有特定的要求，他們也必須對這些學習結果負責。看來，教育的對話在學校教育目標界定清楚之後，已經從有關學生進步的籠統意見，轉變成學生學業表現的事實證據。

　　針對目標的達成而提供給學校及學區的測驗結果資訊，也可以用於班級層級的教師素質評鑑，但對大多數學區而言，教室觀察依舊是教師評鑑的傳統方法，無視於以下事實——有關班級教

學的觀察與判斷，不代表教師對個別學生的真實教學成效。不知何故，我們竟然相信，一節課的觀察就能表示教師在一年內一千多個小時的教學；再者，我們似乎認為教學視導人員能從觀察一節課的教學，推論學生學會什麼和不會什麼。學生的評量資料則有轉換教師評鑑的潛力，使教師評鑑從對於專業能力的意見，轉變成教學成效的事實資訊。

本書提出四個截然不同的模式，來支持上述教師素質評鑑方式的轉換。取材自前幾章介紹的個案研究，我們已經檢視及批判了一系列可能的策略，這些策略評量學生的學習並將其連結到教師評鑑，其範圍從高度個別化及質性分析取向的奧瑞崗工作樣本分析法，延伸到統計方法複雜的田納西加值評鑑系統。在最後一章，我們先扼要回顧教師評鑑採用學生學習評量的經驗教訓，包括潛在的益處和缺點；之後，我們將提出一套具體的建議，以引導學生評量在教師評鑑的應用。

應用學生學習評量的經驗教訓

在田納西州，當標準化成就測驗的進步分數被用於教師評鑑之後，學生的學業成績即有提升，測驗結果告知教師評鑑狀況並引導協助改進，但它只是連同其他現場評鑑方法（clinical approaches）而應用的一項資料。在奧瑞崗州、維吉尼亞州的亞歷山卓市及科羅拉多州的拉弗連，兼有質性和量化測量方法又更屬於混合式設計的評鑑模式，證實了教師績效對學生學習的影響；此外，教師注重教學與學生學習改善的成功跡象及證據，也同樣存在。在奧瑞崗工作樣本分析法中，教師評鑑乃依據教室本位的學生學

習和實際教師工作樣本之間的關連；在亞歷山卓市及湯普生學區，教師工作績效的標準與學生學習有直接關連，而學習評量的工具則是班級學習的指標和標準化測驗；表 7.1 摘要了這四套教師評鑑方法的主要特點。

在本書提到的四個個案研究中，測驗資料在某種程度上被用為評鑑教師效能的多重工具之一，同時也被用來集中教師專業發展的焦點——通常以加強學生學習的實務問題為重。在促進學生學業表現優異方面有較多成功經驗的教師，被鼓勵及受邀分享其成功的教學策略。再者，每一套評鑑方法的設計都將學生的學習評量整合到教師評鑑之中，以利強化形成性和總結性的教師評鑑，最後則能增進學生的學習。

學生評量的數據被視為診斷用途的資料之一，目的在加強班級教學、學校及教育計畫層級的教學與服務。此外，這些資料有助於評鑑以不同學生群體為對象的各種教育介入措施，如果運用徹底，就如 Linda Darling-Hammond 的看法，學生評量的資料的確能「針對實務的改進，引導對於學校與教師研習的投資」。[7]為針對目前教學資源使用的明顯缺失，學校開始試驗重新分組教學、更結構化的診斷評量、給學生不同的學習時間、以及訂定內容更明確的課程，應用學生評量的資訊能將教育改革成效有關的研究告知學校，能證實那些成功者的軼事報導，以及能擴大那些預期之外的學習結果。

當試圖連結教師效能與學生學習時，應謹記測驗及其他類型的學習評量都有可能被善用或誤用，但是我們身為教育者，必須盡可能將學生的成績評量當作眾多工具之一，俾使教育對不同能力的學生而言都有意義及用處。

93

94

表 7.1　在教師素質評鑑模式使用學生學習評量的意涵

實　　務	奧瑞崗州： 工作樣本 分析模式	科羅拉多州湯普生學區： 標準本位模式
學生學習	TWSM 是一套應用的真實評鑑方法，其目的在把學生學習的過程描述為「其結果由教師負責設計及教導」。	本模式的設計旨在增加「促進學生學習的可能性」，學習評量方法為不同的標準化成就測驗。學生的學習的確受到改善。
對學生的教學協助	由於 TWSM 的行動研究本質，其主要益處是對個別學生以及按學習需要分組的學生，提供及早又直接的班級教學協助。	本模式鼓勵教師藉由學科學習標準、學習風格、教學／學習策略及學習結果評量，把焦點集中在個別學生的學習需要。
人事措施	迄今，奧瑞崗 TWSM 被用於初任教師的執照核發，它被證明是篩選合格初任教師的可行工具。	教師績效標準經過清楚的描述和針對學生學習做部分的評量之後，與教師專業發展相結合。本模式的焦點是績效的協助及改進。
專業發展	TWSM 的設計在強化形成性與總結性的教師反省及自我評鑑。	每位教師在這個評鑑週期的評鑑結果與其專業發展的需要相結合，以形成下一週期的評鑑事項。

 二、公平的測驗方案應達到的基本要求

　　如果學生學習是學校教育的目標，[2]在教師效能評鑑中考慮使用某些學生學習評量工具或指標，只是合理的作法而已。

　　遺憾的是，大部分的教師效能評鑑與學生成就評量，關係微

表 7.1　在教師素質評鑑模式使用學生學習評量的意涵（續）　95

實　務	維吉尼亞州亞歷山卓學區： 學生學業目標 設定模式	田納西州： 價值附加 評鑑系統
學生學習	此模式的目的在加強教師對學生學習需要的反省，並以反省作為評鑑及專業發展的基本部分（還在測試階段）。	已證實能增進學生的數學、科學及英語科成績，閱讀與社會科的學生成績則相對維持固定。
對學生的教學協助	學業目標設定的過程，使教師的努力集中在學生特定的教學需要；本模式的目的之一是將焦點從內容中心的教學轉換到學生中心的教學。	本模式強調以即時的課堂複習，使課程內容為重的教學更為徹底，學生也經常重新分組，以利將教學集中於較弱的能力或概念。
人事措施	學業目標設定過程是整個評鑑模式不可或缺的部分，雖然本模式的焦點在專業發展，但仍有改進學生學習的額外壓力。	測驗結果是一項資料來源，但不能是評鑑系統唯一的資訊來源；如有需要，學生的測驗結果將作為實施補救教學的依據。
專業發展	每位 PEP 專家分別與教師一起合作發展學生的學習目標，並提供達成目標所需要的資源。	反映在教師總結評鑑的專業發展需要，由各校自行決定處理。

96

弱。雖然我們承認連結兩者會有潛藏的陷阱，以及有需要在這方面做更多研究，我們還是發現充足的證據顯示，確實是有具建設性又設想周到的方法能連結兩者以嘉惠學子。

　　首先及最重要的，將學生學習評量用於教師及其他教育人員的評鑑時，使用程序必須符合專業標準。[3]雖然將學習評量用於非學生教育用途的各式評鑑有許多陷阱，尤其是績效評鑑，但是擴

大其利益並降低連結學生學習和教師效能的不利條件卻很重要，因此，我們提出以下幾項策略以降低可能的偏差，同時增進教師評鑑使用學生評量資料的公平性。

1.學生的學習評量只是教師評鑑系統的一部分，整個評鑑系統應以多重的資料來源為基礎

我們堅持學習評量的數據對判斷教師和學校的效能非常重要，但它不應該取代能整合解讀其他教學影響因素的專業判斷，這些其他因素如缺乏教學資源、學生人數超量及學校位於貧窮社區。教學與學習太過複雜，無法縮減到只剩下單一的測驗結果或一系列測驗，然而在某些特定的班級或學校，測驗可作為其他問題的指標，並透過以下方式處理相關問題，如推動教師發展活動、實施師徒制教師輔導（teacher mentoring）、投入更多教學資源，以及重新組織課程與課表等。

如同第二章所討論的，我們主張在教師評鑑中，應用測驗結果補充傳統教學視導的不足——傳統的視導以教室觀察及其他相關資料為基礎。視導提供有關教學行為的資料，包括為選擇、組織及傳遞教學而做的決定；測驗結果則提供教學結果的資訊。方法的評鑑若缺少目的的判斷似乎沒有意義，但另一方面，目的從來無法證明可疑的方法為正當，因此平衡的評鑑方式是藉由多重的評量策略兼顧兩者。

2.考慮產生教學與學習的脈絡情境

田納西加值評鑑系統的研究報告提到，「影響學生成績進步最重要的兩項因素是教師以及學生的成就水準（例如學生在加入班級之前已有的成就）」。[4]再者，該研究報告也證實，教師效能對學生學習是極大的決定性因素，其影響超過篩選後的脈絡情境

變項。研究者所下的結論是：

> 我們發現教師效能的差別是影響學生學業進步的支配性
> 因素，某些班級情境變項（如班級規模和學生的異質性）
> 的影響似乎是次要的，同時也不該被視為將學生評量應
> 用於教師評鑑的抑制因素。[5]

姑且不論這些發現，我們主張，教師盡一切努力加強班級教學的情形固然存在，但當情況超出教師的掌控能力時，學生的最大利益難免受損，如：不合理的大班教學或是學生用教科書不夠分配。因此，我們建議將阻礙學習的因素納入考慮，例如學生轉學、學生長期缺席及其他非教師能控制的變項。在歸屬學習的責任時，不能忽視學校教育的整個支援系統，包含教師發展、輔導同儕的資深教師之名額、有利的工作空間、書籍及教學資源等等，除非教師能在支援完善的環境下教學，這些因素都必須考慮到。

3.使用學生進步的數據取代固定的成就標準或目標

在真實世界中，判斷人們的成就極少採用固定目標，更通常的判斷依據是邁向具體目標的成長或進步。即使在精明而精求實際的商業界，判斷績效的根據也是各種經濟指標以及對預估成長的比較；我們建議相同的典範也適用在教育界——藉由辨識抑制學習的因素以及對於預定學習進步的比較。此種方式需要使用前測與後測，以判定在和事先決定的通過率或精熟水準比較之後所達到的進步。儘管固定的標準有其用處（如學習閱讀到可接受的程度），但是應用到人員的評鑑時必須以質疑的態度看待固定的標準，要求教師幫助學生學習及改進學生能力是一回事；要求教

師在一年內不計學生的能力程度，一律將他們帶往相同的目標，則是另一回事。

當學生的學習被理解為絕對的成就時——例如閱讀理解程度達到 70%，將會導致貧富差距明顯的功績主義（meritocracy）長期盛行，如同 James Popham 所述，[6] 絕對的成就分數傾向於反映學生帶進學校的天生資質，不見得代表學生在學校的學習結果；絕對的成就分數也傾向於維持天資比努力更重要的觀念。如果我們把學生的成功單純歸因為學生的資質，不僅會對各種能力程度的學生都產生反效果，也會使得教師置身於教育過程之外。如果使學生學習確實是學校教育的目標，我們必須把焦點放在學業的成長上，創造像 Lauren Resnick[7] 所描述的「努力本位」（effort-based）的學習環境。真正的學習評量應該集中於評量學生在知識與技能方面的成長，而不是學生的天賦資質。

絕對成就分數的使用，對於學生資質不足和學生最難教導的學校與教師而言，也使其處於不利的地位。當我們任教的班級一開始就是高成就，得到「良好」的測驗結果是預料中的事，反之亦然。當目標註定可達，還有什麼誘因能使學生、教師及學校在學習方面投入大量的努力？最有效能的教師能從所有學生的不同學業基礎開始教導他們，並且很有創意地回應學生的學習需要與興趣；有效能的教師帶領學生進步，並協助學生達到可界定的學業目標——學生可依個人的學業能力強弱開始努力。

就如本書第四、六章分別討論的科羅拉多州湯普生學區模式和田納西州的加值評鑑模式，一學年之中某一學科領域的前測和後測得分，可用來產生進步分數。我們相信轉換到強調學生的學業進步很重要，而田納西州的模式則把這項概念更向前邁進一步，

它以近三年的學生學業成就為基礎，採用進步分數來表示每名學生的實際與預定進步之間的差距。如此一來，就能藉由和過去幾年的比較來判斷教師目前的教學效能。

4. 對同一名學生選擇不同的時間點比較其進步分數，而非比較不同群體的學生 *99*

　　進步分數蘊涵的假定是，以個別的學生為準，相似的測驗可被用來評量學生在不同時間的學習結果。如果全班學生的成績都被彙整總計，我們相信進步分數是一種相當合理的教師成效評量數據；但若某一班學生的絕對成就水準和另一班的水準相比較，教師成效的比較就無法公平判定。雖然在學校和學區的層次，比較不同班級的成績是普遍的作法；在個別教師的層次，這卻是既不合理又不公平的作法，因為它要求教師為兩群不同學生的學業表現負責，而這兩群學生在先備知識和能力方面都有潛在的差異。總之，這類跨班比較引起的偏差正是進步分數試圖減少的。

5. 進步分數的陷阱必須避免

　　就算使用了學生學業進步的數據，適度詮釋進步分數還是非常重要，尤其統計上所稱的迴歸效應（regression effect）必須納入考慮，該效應的結果會造成原來學業表現水準較低的學生，呈現比事先推斷更大的進步。相反地，由於天花板效應（ceiling effect）的作用，如果測驗工具的難度不足以評量高分學生真正的知能，原先屬於高學業水準的學生則可能呈現較低的進步，甚至退步的現象。[8]

6. 使用教師評鑑的時間架構（timeframe），以利以公平的方式記錄學生的學習表現模式

　　如果教師應該對學生的學習負責，那麼建立學生學習表現的

模式就非常重要，而不能只採用快照式（snapshots）的記錄。我們支持Sanders及其同儕的建議，「教師評鑑應包括評鑑教師對學生學習的長期影響，其評鑑方法必須兼具信度和效度，而且是評鑑過程的主要部分。從長期實施的標準化測驗適當選取學生成績資料，並且適當分析這些資料，應當可以滿足上述要求」。[9]

100

　　從統計的觀點，長期持續評量學生的學習可加強評量結果的信度；從做決定的觀點，則可增加評量的可信度。一九九八至一九九九年 CTB/McGraw-Hill 的計分錯誤事件，凸顯了過度信賴單一測驗結果的嚴重後果，[10] 六個州的學生測驗結果都因為這些錯誤而蒙受損害，單以紐約州為例，超過八千名學生由於被錯列為低分群，全被要求上暑假班的補救教學課程。相對地，田納西州因為保留大部分學生多年來的成績紀錄，在測驗報告送達學校和學生之前，[11] 能先標示出這些錯誤，而且在校正統計錯誤之前不做重要的決策。由上述可證明多重學習評量方法的影響力量。

7.使用公平有效的學生學習評量方法

　　將學生評量連結到教師評鑑時，信度、效度、公平性及免於偏見都是明顯受到關切的事項與情況，根據Wheeler[12]、McConney等人[13]以及其他人[14]的研究，我們針對將學生評量資料用於教育人員的評鑑——尤其是評鑑教師績效，提出以下幾項增加公平性的建議策略：

　　1. 效度：「無論用於形成性或總結性評量，任何學生學業表現的評量方法都必須靈敏測出（能發現）學校及教師對學生學習的影響，亦即，學生學習的評量方法必須有教學的效度，如果缺乏效度……將很難證明學生學習評量在教師

評鑑、學校評鑑或其他評鑑的應用。」*15*

2. 信度：評量的工具必須在不同時間和不同評鑑者之間都產生一致性（例如可性度），*16* 關於教師績效的決定，其中一項必須考慮的關鍵問題是評鑑者之間的評分者間信度。

3. 免於偏見：學生成績資料的使用應該客觀、公平及公正，不應該被反覆無常地解釋或使用。

4. 可相互比較：教師的評鑑結果應可相互比較，「沒有一位　*101*
   教師⋯⋯有必要在超出其控制的因素之下，與其他教師做不利的比較」。*17*

8. 選擇與現行課程最一致的學生評量方法

考慮到缺乏全國課程標準，測驗編製者必須選擇標準化測驗以及其他學業評量應包括的內容，而他們的選擇不一定反映州或地方的課程。有些州以簽約方式發展符合州定課程的訂製測驗，即使如此，課程在不同學區、學校及班級的實施還是會有不一致之處。標準化測驗永遠無法和實施的課程完全吻合；只有班級教師能確保測驗與評量的完全一致，並且因此支持對各種評量策略的需求。然而，標準化測驗的選擇應該基於該測驗與課程目的闡述（articulated curriculum）之間的普遍或顯著一致性。

若標準化測驗的選擇不考慮課程，除非測驗內容很概括，否則測驗將無法公平反映教學與學習。標準化測驗可以反映學生在學校與家庭習得的一般知能，但無法反映某位教師在某段時間的教學內容，如果學生的學習評量與教師的教學無關，該評量的結果就不該作為教學成效的評鑑數據：

不論是為了形成性或總結性的教師評鑑或學校評鑑，任

何學業表現的評量都應該包括科目課程、教育計畫型課程（programs）及／或學校的課程。學業評量應反映教學內容的範圍與複雜性，若否，則很難辯稱學生的評量資料已經反映了完整又有代表性的教師或學校教學工作樣本。更糟的是，學業評量的內容並非科目課程、教育計畫型課程（programs）及／或學校的課程，這就如同要求學校和教師為不該負責的結果負責。*18*

102　　與課程不相關的測驗，可以用來判斷全國同年級學生在知識方面的差異，但無法提供判斷教師效能的基礎。對教育人員而言，學生評量的價值依照和課程的一致性程度呈正比關係，因此，用於教師評鑑的學生成績評量必須有足夠的課程效度。

9. 勿為了配合測驗而窄化課程又限制教學，除非測驗能真正評量教學內容

　　選擇與課程不一致的標準化測驗，其產生的另一項非意圖但可預期的結果是，扭曲課程以符合測驗的需要。教育的基本原則是使課程、教學及評量一致化，理想上，課程與教學帶動評量，但如果評量是固定的，而且被作為高利害關係決策的參考，它就會倒過來帶動課程和教學。這種情形是教育過程的顛覆之舉，它使得測驗編製者決定了課程內容及教學進度，沒有人想要這種情況發生，但已有證據證實它的確發生，同時它也是造成許多教師反對測驗方案的原因之一。根據「公平」這項標準，測驗可能窄化課程與教學的這種疑慮似乎理由正當。

三、結語

如果本書提供了任何的經驗教訓，那應當是教師對學生的學習會產生影響。考慮到教師效能與學生學習之間存在著明確而不可否認的連結，我們支持在教師評鑑過程應用學生成績的資訊，學生的成績能夠（也的確應該）成為回饋學校、行政人員及教師效能的重要資訊來源。我們在全書中試著提議，應當將學生成績和其他有關教師績效及生產力的證據合併使用，但絕不要用於教師執照的核發。教育人員與決策者面臨的挑戰是，確保學生成績被放在教師成就的多重指標的大脈絡之下，雖然有如此的挑戰，我們認為結論不證自明：「教師績效直接影響學生的學習，因此，教師評鑑應包含學生的學習評量。」我們相信本書提出的四個教師評鑑模式，對於闡明評鑑過程中兩者的關係提供了一些可能，總言之，教師素質評鑑對於基礎的教育革新，絕對重要！

註解

1. Darling-Hammond, L. (1997). *The right to learn: A blueprint for creating schools that work*. San Francisco: Jossey-Bass.
2. Cowart, B., & Myton, D. (1997). The Oregon Teacher Work Sample Methodology: Rationale and background. In J. Millman (Ed.) *Grading teachers, grading schools: Is student achievement a valid evaluation measure?* p. 11, Thousand Oaks, CA: Corwin Press.
3. See *The Personnel Evaluation Standards* (1988) by the Joint Committee on Standards for Educational Evaluation. Newbury Park, CA: Corwin Press.
4. Wright, S. P., Horn, S. P., & Sanders, W. L. (1997). Teacher and classroom context effects on student achievement: Implications for teacher evaluation. *Journal of Personnel Evaluation in Education, 11*, 57–67, p. 61.
5. Wright, Horn, & Sanders, 1997, p. 66.
6. Popham, W. J. (1999). Why standardized tests don't measure educational quality. *Educational Leadership, 56*(6), 8–15.
7. Resnick, L. B. (1999, June 16). Making America smarter. *Education Week*, 38–40.
8. Wheeler, P. H. (1995). Before you use student tests in teacher evaluation . . . consider these issues. *AASPA Report*. Virginia Beach, VA: American Association of School Personnel Administrators.
9. Wright, Horn, & Sanders, 1997, p. 66.
10. Viader, D., & Blair, J. (1999, September 29). Error affects test results in six states. *Education Week*, 1, 13–15.
11. Viader & Blair, 1999.
12. Wheeler, 1995.
13. McConney, A. A., Schalock, M. D., & Schalock, H. D. (1997). Indicators of student learning in teacher evaluation. In J. H. Stronge (Ed.) *Evaluating teaching: A guide to current thinking and best practice* (pages 162–192). Thousand Oaks, CA: Corwin Press.
14. See, for example, Haertel, E. (1986). The valid use of student performance measures for teacher evaluation. *Educational Evaluation and Policy Analysis, 8*, 45–60.
15. McConney, Schalock, & Schalock, 1997, p. 177. Curricular validity, a second aspect of validity that should be considered in settings such as proposed here, is discussed later in the chapter.
16. 完美的一致性很難達到，因此可接受的信度數值——如評分者間信度（inter-rater reliability），應該納入考慮。
17. McConney, Schalock, & Schalock, 1997, p. 178.
18. McConney, Schalock, & Schalock, 1997, p. 177.

附錄 A
效能教師的素質

有效教學的先備條件

智能和有效的教學有關嗎？	• 這方面的研究有限，而且研究結果頗為混雜。 • 教師的口語表達能力和學生的學業表現有關連，[1] 其原因可能是教師的口語能力和清楚生動的表達能力有關。[2]
師資培育和有效的教學有何關係？	• 正規的師資培育對學生在數學、科學及閱讀等學科的成績，有正面的影響。[3] • 在某種程度上，學科內容知識對有效的教學很重要，以有意義的方式將課程內容呈現給學生以促進其理解的教學能力更重要，而它不一定和學科內容領域的其他知識或作業要求有關。[4] • 教師受過教導特定學生群體（如英語非母語、資賦優異的學生）的正規訓練，在提升這些學生的成績方面更有效能。[5]
認證狀態和有效的教學有何關係？	• 具有某種認證的教師（標準、替代及暫時）比尚未得到認證的教師，傾向於能使更多的學生達到較高的成績。[6] • 認證為本科的中學教師比非本科教師，顯然更能使更多的學生達到較高的成績。[7]
教師經驗和教學效能有何關係？	• 有更多教學經驗的教師傾向展現較佳的教學設計能力，以及更多元的教學策略及活動，他們也比較了解學生的學習需求。[8] • 有三年以上教學經驗的教師比未滿三年經驗的

（續）

	教師，具有更高的教學效能；但是，在任教約五到八年之後，教學年資的效益趨於平穩。[9]

資料來源：James H. Stronge, *Qualities of Effective Teachers* (2002). Copyright© 2002 ASCD. 獲同意引用。

教師個人特質

效能教師有哪些人格特質？	• 許多研究已經證明師生眼中相互流露的關愛之情很重要。 • 學校管理人員優先重視教師如何對學生展現關愛及支持。 • 有些特定的人格特質很重要，包括傾聽、親切、諒解、溫暖、鼓勵及愛護學生。[10]
根據學生的想法，公平與尊重對有效的教學有什麼功能？	公平與尊重對各級的學校教育都重要，包括從小學到高中。 • 效能教師 ——從學生個人的層次回應不守規矩的行為，不會要求全班為少數人的行為負責。[11] ——表現出對學生的族裔和文化的尊重、了解及公平對待。 ——對所有學生提供參與及獲得成功的機會。[12]
效能教師如何與學生互動？	• 效能教師 ——被學生認為專業且易於接近。 ——友善、有風度但仍維持適當的師生角色關係。 ——給與學生責任和尊重。 ——有興趣了解學生在學校以外的生活。[13] ——會開玩笑也樂於和學生玩在一起。[14]
效能教師對教學專業有什麼樣的態度？	• 效能教師 ——接受對學生學習結果應負的責任。[15] ——參與同儕的、協同合作的工作環境。 ——修讀碩士以上的學位。[16]

（續）

	——對自己和學生都有高度的期望，對自我效能也有強烈的正面信念。[17]
反省性實踐在有效的教學角色是什麼？	• 效能教師奉獻更多額外的時間進行教學及教學準備的反省。[18] • 在有效能的學校中，教師以個人或團體的模式落實反省性實踐。[19]

教室管理與組織

效能教師有哪些主要的班級經營技巧？	• 效能教師 ——從學年一開始就向學生宣導對學生行為的清楚規定與期望。[20] ——建立例行活動、日常工作及滿足需求的常規。[21] ——透過流暢地轉換活動維持學生的學習動力。[22] ——能同時應付兩件以上的事情。 ——在教室中到處走動以鼓勵學生專心。 ——能預估潛在的問題，並且先解決令人分心的小事以避免其變成擾亂的大事。[23]
效能教師如何組織他們的教室教學？	• 效能教師 ——在上課前會備妥教材，包括補充教材在內。[24] ——以次數最少的重複指示，使學生更了解何時該做何事的常規。[25] ——安排學習空間以有效儲存教學資源。[26]

教學的安排及引導

效能教師如何充分利用教學時間？	• 他們將教學及學生學習優先列為學校教育的核心目的。27 • 他們透過有效的班級經營及組織技巧，使教學時間的分配達到最大限度，以確保流暢轉換教學活動、維持班級中的動力、以及限制干擾教學的事件。28
效能教師如何計畫教學？	• 他們先確認清楚的單課目標與學習目標，然後將教學活動周密地連結到這些目標。 • 他們考慮以下要素：組織教學內容的呈現方式、選擇反映學習目標及學生特質的課程資源、加入圖表的組體（graphic organizers）、以及事先準備發問問題以查核學生理解程度並且擴充學習機會。29

教學的實施

效能教師如何加強教學？	• 效能教師 ——適當地使用直接教學、精熟學習、引導練習及獨立練習。30 ——應用實際操作的學習方式。31 ——藉著利用學生的經驗為例，解決在整個課程中的問題。32
效能教師如何向學生說明教學內容和要求？	• 教學內容的清楚說明很重要。33 • 透過師生間的發問，建立關於理解課程內容的對話。34 • 如果提供學生有建設性的回饋，作業的評分對學生的成績和溝通教師的用意，都有正面的影響。35

（續）

學生的用功學習和效能教師有何關係？	● 為促使學生更用功，效能教師會變換學習策略、教學活動類別及指定作業。[36] ● 當學生熱衷於所學內容有關的真實活動時，學生的用功程度會達到最大。[37] ● 因為用功學習而獲得成就，會助長學生對學校有更正面的態度。[38] ● 在教學活動中逐步指示、清楚舉例及引導練習，也能促使學生提高用功程度及獲得成功機會。[39]

監控學生的進步和引導發揮潛力

效能教師如何監控學生學習，並使用他們的發現加強學業進步？	● 效能教師 ——使用前測來支持設定為目標的教學活動。 ——確認教學過程中學生可能習得的錯誤概念，並監控學生的表現是否出現這些誤解。[40] ——對未達到精熟的學生再教一遍，對尋求額外協助的學生提供個別指導。 ——教學效能涵蓋各種不同能力的學生，無論學生的學業成就有多大差異。[41] ——對學生提供適時而特定的回饋。[42]

註解

1. Darling-Hammond, L. (2000). Teacher quality and student achievement: A review of state policy evidence. *Education Policy Analysis Archives, 8*(1). Retrieved January 22, 2004, from http://olam.ed.asu.edu/epaa/v8n1/; Haberman, M. (1995). *STAR teachers of children in poverty.* West Lafayette, IN: Kappa Delta Phi; Hanushek, E. (1971). Teacher characteristics and gains in student achievement: Estimation using micro data. *American Economic Review, 61*(2), 280–288.

2. Darling-Hammond, L. (2001). The challenge of staffing our schools. *Educational Leadership, 58*(8), 12–17; Ehrenberg, R. G., & Brewer, D. J. (1995). Did teachers' verbal ability and race matter in the 1960's? Coleman revisited. *Economics of Educational Review, 14*(1), 1–21; Gitomer, D. H., Latham, A. S., & Ziomek, R. (1999). *The academic quality of prospective teachers: The impact of admissions and licensure testing.* Retrieved from http://www.ets.org/research/dload/225033.pdf; Greenwald, R., Hedges, L., & Laine, R. (1996). The effect of school resources on student achievement. *Review of Education Research, 66*(3), 361–396; Strauss, R. P., & Sawyer, E. A. (1986). Some new evidence on teacher and student competencies. *Economics of Education Review, 5*(1), 41–48; Wayne, A. J., & Youngs, P. (2003). Teacher characteristics and student achievement gains: A review. *Review of Educational Research, 73*(1), 89–122.

3. Fetler, M. (1999). High school staff characteristics and mathematics test results. *Educational Policy Analysis Archives, 7*(9). Retrieved from http://olam.ed.asu.edu/v7n9; Langer, J. (2001). Beating the odds: Teaching middle and high school students to read and write well. *American Educational Research Journal, 38*(4), 837–880; Wenglinsky, H. (2000). *How teaching matters: Bringing the classroom back into discussions of teacher quality.* Princeton, NJ: Millikan Family Foundation and Educational Testing Service.

4. Popham, W. J. (1999). Why standardized tests don't measure educational quality. *Educational Leadership, 56*(6), 8–15.

5. Camphire, G. (2001). Are our teachers good enough? *SED Letter, 13*(2). Retrieved November 12, 2001, from http://www.sedl.org/pubs/sedletter/v13n2/1.htm; Cross, C., & Regden, D. W. (2002). Improving teacher quality. *American School Board Journal.* Retrieved May 17, 2002, from http://www.absj.com/current/coverstory2.html

6. Darling-Hammond, 2000; Darling-Hammond, 2001; Goldhaber, D. D., & Brewer, D. J. (2000). Does teacher certification matter? High school teacher certification status and student achievement. *Educational Evaluation and Policy Analysis, 22*(2), 129–145; Hawk, P. P., Coble, C. R., & Swanson, M. (1985). Certification: Does it matter? *Journal of Teacher Education, 36*(3), 13–15; Laczko-Kerr, I., & Berliner, D.C. (2002, September 6). The effectiveness of "Teach for America" and other under-certified teachers on student academic achievement: A case of harmful public policy. *Education Policy Analysis Archives, 10*(37). Retrieved November 4, 2003, from http://epaa.asu.edu/epaa/v10n37/

7. Darling-Hammond, 2001; Hawk et al., 1985; Wayne, A. J., & Youngs, P. (2003). Teacher characteristics and student achievement gains: A review. *Review of Educational Research, 73*(1), 89–122.

8. Sanders, W. L. (2001, January). *The effect of teachers on student achievement.* Keynote address at the Project STARS Institute, Williamsburg, VA; Scherer, M. (2001). Improving the quality of the teaching force: A conversation with David C. Berliner. *Educational Leadership, 58*(8), 6–10.

9. Darling-Hammond, 2001; Sanders, 2001.

10. Cruickshank, D. R., & Haefele, D. (2001). Good teachers, plural. *Educational Leadership, 58*(5), 26–30; Johnson, B. L. (1997). An organizational analysis of multiple perspectives of effective teaching: Implications for teacher evaluation. *Journal of Personnel Evaluation in Education, 11,* 69-87; Peart, N. A., & Campbell, F. A. (1999). At-risk students' perceptions of teacher effectiveness. *Journal for a Just and Caring Education, 5*(3), 269–284; Thomas, J. A., & Montomery, P. (1998). On becoming a good teacher: Reflective practice with regard to children's voices. *Journal of Teacher Education, 49*(5), 372–380.

11. Kohn, A. (1996). What to look for in a classroom. *Educational Leadership, (54)*1, 54–55.
12. Collinson, V., Killeavy, M., & Stephenson, H. J. (1999). Exemplary teachers: Practicing an ethic of care in England, Ireland, and the United States. *Journal for a Just and Caring Education, 5*(4), 349–366; Deiro, J. A. (2003). Do your students know you care? *Educational Leadership, 60*(6), 60–62; Ford, D. Y., & Trotman, M. F. (2001). Teachers of gifted students: Suggested multicultural characteristics and competencies. *Roper Review, 23*(4), 235–239; Peart & Campbell, 1999; Thomas & Montomery, 1998.
13. Peart & Campbell, 1999.
14. Cruickshank & Haefele, 2001; Ford & Trotman, 2001; Peart & Campbell, 1999; Wolk, S. (2002). *Being good: Rethinking classroom management and student discipline.* Portsmouth, NH: Heinemann.
15. Covino, E. A., & Iwanicki, E. (1996). Experienced teachers: Their constructs on effective teaching. *Journal of Personnel Evaluation in Education, 11*, 325–363.
16. Northwest Regional Educational Laboratory. (2001). *Understanding motivation and supporting teacher renewal.* Retrieved on October 20, 2003, from http://www.nwrel.org/nwreport/jan03/motivation.html
17. Cawelti, G. (1999). *Portraits of six benchmark schools: Diverse approaches to improving student achievement.* Arlington, VA: Educational Research Service.
18. Kerrins, J. A., & Cushing, K.S. (1998, April). *Taking a second look: Expert and novice differences when observing the same classroom teaching segment a second time.* Paper presented at the annual meeting of the American Educational Research Association, San Diego, CA.
19. Grossman, P., Valencia, S., Evans, K., Thompson, C., Martin, S., & Place, N. (2000). *Transitions into teaching: Learning to teach writing in teacher education and beyond.* Retrieved on November 11, 2003, from http://cela.albany.edu/transitions/main.html; Harris, S. (2003). An andragogical model: Learning through life experiences. *Kappa Delta Pi Record, 40*(1), 38–41; Thomas & Montomery, 1998.
20. Emmer, E. T., Evertson, C. M., & Anderson, L. M. (1980). Effective classroom management at the beginning of the school year. *The Elementary School Journal, 80*(5), 219–231; McLeod, J., Fisher, J., & Hoover, G. (2003). *The key elements of classroom management: Managing time and space, student behavior, and instructional strategies.* Alexandria, VA: Association for Supervision and Curriculum Development.
21. Marzano, R. J. (with Marzano, J. S., & Pickering, D. J.). (2003). *Classroom management that works.* Alexandria, VA: Association for Supervision and Curriculum Development.
22. Covino & Iwanicki, 1996; McLeod et al., 2003; Shellard, E., & Protheroe, N. (2000). Effective teaching: How do we know it when we see it? *The Informed Educator Series.* Arlington, VA: Educational Research Services.
23. Johnson, 1997.
24. Thompson, J. G. (2002). *First-year teacher's survival kit.* San Francisco, CA: Jossey-Bass.
25. McLeod et al., 2003; Stronge, J. H., Tucker, P. D., & Ward, T. J. (2003, April). *Teacher effectiveness and student learning: What do good teachers do?* Paper presented at the annual meeting of the American Educational Research Association, Chicago, IL.
26. Kohn, 1996.
27. Covino & Iwanicki, 1996; Peart & Campbell, 1999; Shellard & Protheroe, 2000; Wharton-McDonald, R., Pressley, M., & Hampston, J. M. (1998). Literacy instruction in nine first-grade classrooms: Teacher characteristics and student achievement [Electronic version]. *The Elementary School Journal, 99*(2). Retrieved on October 30, 2003, from http://80-web3.infotrac.galegroup.com.proxy.wm.edu/itw/infomark/993/701/64058160w3/purl=rc1_EAIM_0_A54851458&dyn=4!ar_fmt?sw_aep=viva_wm
28. Cruickshank & Haefele, 2001; Emmer, Evertson, & Anderson, 1980.
29. Bransford, J. D., Brown, A. L., & Cocking, R. R. (Eds.). (1999). *How people learn: Brain, mind, experience, and school.* Washington, DC: National Academy Press; Jackson, A. W., & Davis, G. A. (with Abeel, M., & Bordonard, A.). (2000). *Turning points 2000: Educating adolescents in the 21st Century.* New York: Teachers College Press; Panasuk, R., Stone, W., & Todd, J. (2002). Lesson planning strategy for effective mathematics teaching. *Education, 22*(2), 714, 808–827.

30. Bloom, B. S. (1984). The search for methods of group instruction as effective as one-to-one tutoring. *Educational Leadership, 41*(8), 4–17; Zahorik, J., Halbach, A., Ehrle, K., & Molnar, A. (2003). Teaching practices for smaller classes. *Educational Leadership, 61*(1), 75–77.
31. Covino & Iwanicki, 1996; Wenglinsky, 2000.
32. Covino & Iwanicki, 1996.
33. Gamoran, A., & Nystrand, M. (1992). Taking students seriously. In F. M. Newmann (Ed.), *Student engagement and achievement in American secondary schools*. New York: Teachers College Press.
34. Martin, R., Sexton, C., & Gerlovich, J. (2001). *Teaching science for all children* (3rd ed.). Boston: Allyn and Bacon.
35. Collinson, Killeavy, & Stephenson, 1999; Corno, L. (2000). Looking at homework differently. *The Elementary School Journal, 100*(5), 529–549; Covino & Iwanicki, 1996; Wenglinsky, 2000.
36. Bloom, 1984; Darling-Hammond, 2001; Johnson, 1997; Langer, 2001; Sanders, W. L., & Horn, S. P. (1998). Research findings from the Tennessee Value-Added Assessment System (TVAAS) database: Implications for educational evaluation and research. *Journal of Personnel Evaluation in Education, 12*, 247–256; Skrla, L. (2001). The influence of state accountability on teacher expectations and student performance. *UCEA: The Review, 42*(2), 1–4; Wenglinsky, 2000; Tomlinson, C. A. (1999). *The differentiated classroom: Responding to the needs of all learners*. Alexandria, VA: Association for Supervision and Curriculum Development.
37. Covino & Iwanicki, 1996.
38. Marzano, R. J., Pickering, D. J., & McTighe, J. (1993). *Assessing student outcomes: Performance assessment using the dimensions of learning model*. Alexandria, VA: Association for Supervision and Curriculum Development.
39. Emmer, E. T., Evertson, C. M., & Anderson, L. M. (1980). Effective classroom management at the beginning of the school year. *The Elementary School Journal, 80*(5), 219–231.
40. Covino & Iwanicki, 1996.
41. Stronge, Tucker, & Ward, 2003.
42. Cotton, K. (2000). *The schooling practices that matter most*. Portland, OR: Northwest Regional Educational Laboratory, and Alexandria, VA: Association for Supervision and Curriculum Development; Marzano, R. J., Norford, J. S., Paynter, D. E., Pickering, D. J., & Gaddy, B. B. (2001). *A handbook for classroom instruction that works*. Alexandria, VA: Association for Supervision and Curriculum Development; Walberg, H. J. (1984). Improving the productive of America's schools. *Educational Leadership, 41*(8), 19–27.

附錄 B
測驗與評量方法

常模參照測驗

一般的評量	
評量	特色
史丹佛成就測驗 Stanford Achievement Test (SAT9)	K-12、常模參照、單選題的分項測驗（閱讀、數學、英語、拼字、學習技巧及聽力）以及問答題的分項測驗（閱讀、數學、科學、社會及英語）
大都會成就測驗 Metropolitan Achievement Tests (MAT8)	K-12、常模參照、單選題分項測驗（閱讀、數學、英語、科學及社會）
愛荷華基本能力測驗 Iowa Tests of Basic Skills (ITBS)	K-12、常模參照、單選題、題目有三個版本且分項測驗的編序不同
加州成就測驗 California Achievement Test (CAT/5)	K-12、常模參照與課程參照、單選題分項測驗（評量閱讀、英語、拼寫、數學、學習技巧、科學及社會）、實作評量部分評量幾個不同學科的能力
基本能力綜合測驗（第4版） Comprehensive Tests of Basic Skills (CTBS), 4th ed.	K-12、常模參照與課程參照、單選題分項測驗（評量閱讀、英語、拼寫、數學、學習技巧、科學及社會等學科的基本能力）
河畔學科測驗題庫系統 Riverside Curriculum Assessment System（譯註： 「河畔」為出版商）	K-12、可依據各學區的課程目標編製紙筆測驗題目和實作測驗（閱讀／英語、數學、社會及科學）

（續）

寫作能力評量	
評量	特色
寫作過程測驗 Writing Process Test	2-12 年級、前測和後測版本
CTB 寫作評量 CTB Writing Assessment System	2-12 年級、獨立的寫作測驗或有閱讀導文提示的測驗
閱讀能力評量	
評量	特色
閱讀理解測驗 Test of Reading Comprehension (TORC-3)	2-12 年級、評量默讀的理解能力、診斷性測驗
蓋茲—麥克吉那泰閱讀測驗（第 3 版） Gates-MacGinitie Reading Tests, 3rd ed.	K-12、評量字彙和理解能力
史丹福診斷性閱讀測驗 Stanford Diagnostic Reading Test (SDRT4)	1-12 年級、診斷性測驗、評量字符解碼、字彙、理解及掃讀技能
葛瑞唸讀測驗（第 4 版） Gray Oral Reading Tests, 4th ed.	K-12、評量唸讀速度及正確度、唸讀理解能力、整體唸讀能力及唸錯率
閱讀理解程度測驗（修正版） Degrees of Reading Power-Revised (DRP-R)	2-8 年級、常模和標準參照、評量閱讀理解能力、分三種程度
麥克米連個人閱讀能力分析測驗 Macmillan Individual Reading Analysis	K-4 年級、個別實施的唸讀測驗

標準參照評量

一般的評量	
評量	特色
學校教育測驗 Edutest	2-8 年級適用的網路本位評量和練習資料，包括英文、數學、科學、美國歷史、代數 1 和 2 與幾何；複製加州、佛羅里達州、俄亥俄州及維吉尼亞州等四州的州測驗
符合州標準的軼事紀錄 Anecdotal Records Aligned with State Standards	非正式的評量系統、以評分指標評分
閱讀能力的評量	
評量	特色
音素認知讀寫能力檢測 Phonemic Awareness Literacy Screening (PALS)	K-3、評量字符編碼的知識、篩檢用的測驗
幼稚園能力評量 Kindergarten Skills Assessment	幼稚園階段適用，評量字母辨識、聽力、字母的字音關係、字母分類及排序
標準化閱讀量表（第 2 版） Standardized Reading Inventory (SRI), 2nd ed.	1-6 年級、閱讀技巧的非正式量表
孟洛標準化默讀測驗 Monroe Standardized Silent Reading Tests	3-12 年級、評量閱讀速度及理解力
發展性閱讀評量 Developmental Reading Assessment (DRA)	K-3、唸讀發展的個別化測驗
福林特—庫特學生閱讀量表 Flynt-Cooter Reading Inventory for the Classroom	K-12、閱讀能力的個別測驗、用於決定教學的層次

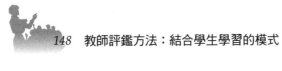

（續）

促進閱讀計畫（譯註：含測驗） Accelerated Reader Program	K-8、閱讀測驗
閱讀診斷量表 Qualitative Reading Inventory (QRI3)	K-9、只限診斷目的
學生閱讀量表（第 4 版） Classroom Reading Inventory, 4th ed.	1-12 年級、診斷目的用、強效閱讀能力

拼字能力的評量

評量	特色
大趣英文單字表 Dolch Word List	K-3、評量拼字和寫字
發展性拼字分析測驗 Developmental Spelling Analysis (DSA)	評量字母／名字、連音及派生子音（derivational consonant）
艾瑞斯拼字量表之白金漢擴充版 Buckingham Extension of Ayres Spelling Scale	教師的拼字庫，用來建構評分用的拼字字表
拼字診斷探針 Spelling Diagnostic Probe	依評分等級分類的拼字字庫

寫作能力的評量

評量	特色
ERB 寫作評量 ERB Writing Assessment Program	4-12 年級、由兩位閱卷者使用六等級量表進行評分
州定基準評量 State Benchmark Assessment	以事先建立的基準或通過分數為基礎的實作評量，實例包括： • 紐約州高中會考（Regent Exams） • 馬里蘭州學科基本能力測驗（Assessment Program in Maryland, MSPAP）

（續）

	● 田納西州綜合評量辦法（TCAP） ● 維吉尼亞州學科學習標準測驗（SOL） ● 德克薩斯州學科知識與能力評量（Texas Assessment of Knowledge and Skills, TAKS）

其他類別的學生評量

評量	特色
寫作評量 Writing Assessment	以寫作指示指引做答、使用評量指標評分（如「未答」到4分）
寫作檔案 Portfolio	彙集實作的作品或現有紀錄，作為閱讀、數學及寫作技巧的評分之用
作品展示 Exhibitions	由教師或專家小組評量作品
實作 Performances	以真實自然的方式證明知識或技能
課程本位評量 Curriculum-Based Measurement/Assessment	此種學習評量：(1)屬於自我參照（self-referenced），(2)每位學生和自己的表現比較，以及(3)回答「這名學生經過一段時間的學習之後有什麼改進？」
教師自編測驗 Teacher-Made Tests	教師發展的測驗、評分依據答對題數或常模曲線
各科測驗 Departmental Tests	由一群教師所發展的測驗、同科所有教師都使用以便將課程目標標準化
學區測驗 Districtwide Tests	在課程專家支援下由一群教師所發展的測驗、以更一致的方式評量各學科或各年級的課程內容

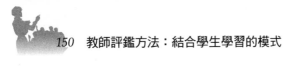

附錄 C
奧瑞崗教師工作樣本分析法

前言：標準本位的課程設計可能是非常複雜而耗時的工作。為幫助你順利進行，我們提供了課程設計工作樣本的結構，包括創造這些工作樣本時所涉及的成品結構和思考過程的「心智模式」。

 一、工作樣本的成品（或教學單元）

1. 單元主題。

2. 最初腦力激盪畫出的圖解。

3. 教學背景與情境描述。

4. 與本單元有關的全國、州及學區課程目標。

5. 單元教學設計理念。

6. 單元目標（大部分衍生自州與學區的課程目標）。

7. 暫用的圖表組體（working graphic organizer）。

8. 符合單元目標的具體學習目標——單元目標和具體目標按下列格式編排：

1.0 （列出第一項單元目標）

1.1 （列出符合第一項單元目標的第一則具體目標）

1.2 （列出第二則具體目標）

1.3　（繼續列出具體目標，直到這組目標全部列完）

2.0　（列出第二項單元目標）

2.1　（列出符合第二項單元目標的第一則具體目標）

2.2　（列出第二則具體目標）

2.3　（繼續列出具體目標，直到這組目標全部列完）

3.0　（列出第三項或最後一項單元目標）

3.1　（列出符合第三項單元目標的第一則具體目標）

3.2　（列出第二則具體目標）

3.3　（繼續列出具體目標，直到這組目標全部列完）

（譯註：國內常用的單元學習目標編碼方式，與上述不同。）

9. 教學計畫（lesson plans）：工作樣本應包括具體的教學計畫以及各式補充教材、投影片、學習單（worksheets）、可操作的教具（manipulatives）或其他可能使用的教學資源。另外，連同符合特定需要的課程修正或課程擴充，其有關的教學內容和讀寫能力，也應整合納入教學計畫之中。

10. 對應每則單元目標和具體學習目標的前測或後測題目。

11. 前測和後測的結果，依照每位學生、學生分組、平均分數、資料摘要表及測驗結果摘要圖等格式呈現。

12. 敘述式的資料解釋。

13. 短篇反省紀錄。

14. 附錄。

二、教學設計的開始程序

為透過腦力激盪建構教學主題及內容的圖解，你需要執行下列步驟：

1. **確認單元主題**：考慮可能的教學內容，決定班級學生應學習的內容及可用的或需要的教材，然後產生單元主題。

2. **腦力激盪產生圖表組體**：選擇單元主題後，以腦力激盪方式產生次主題，本步驟的結果是一張心智地圖（mindmap）或圖表組體，以顯示核心主題、相關次主題及兩者之間重要的統整關連。

3. **確認教學背景與情境**：認識學生，了解學生的需要及興趣；然後，分析本單元的教學情境，相關資訊包括下列──

   (1)學校所在社區的社會經濟水準（例如減免午餐的學生人數比率）。

   (2)反映在學校情境中盛行的文化價值（例如有無地方報紙的發行？社區中的住宅類型有哪些？）

   (3)學校本身的完整描述（如學校的教育階段別、學生人數、一般的學校常規、處理問題的方式及學生的組成）。

   (4)特定班級的完整描述（如學生人數、男生和女生的各別人數、學生的文化及語言背景、有特殊需求的學生及其能力狀況、英語非母語的學生人數、教師注意到的行為問題），還包括班級氣氛、教室的物理環境設施、以及你認為相關的資訊，例如可用的技術設備。

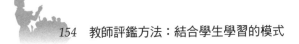

以上的資訊能幫助你建構一份工作樣本，以適應班級學生的文化、英語及學業水準，以及學習的優勢。

 三、建構工作樣本

1. **腦力激盪產生初步的圖表組體**。以腦力激盪方式創造你的圖表組體，如果你不是視覺型的人，不必猶豫，可以放心使用傳統的文字綱要。這張圖表能讓你開始思考如何組成整個單元，也提供一個便於討論想法的方向。

2. **使用全國的、州的及學區的課程目標**。為使學生在規定的高利害相關評量中有成功的表現，你必須檢視教學內容中的學區、州定及國定目標，以確定教學單元符合這些課程目標。

3. **發展教學理念**。考慮學生為什麼要學習這個單元，這個單元為什麼重要或為什麼能引起動機，這個單元如何符合現行課程的順序，或者如何與州定標準相一致。教學理念能幫助你計畫單元教學目標。

4. **發展單元的長期目標**。從學生的興趣和更大的課程目標設計單元目標，以符合學生的文化、英語、學業及發展需要，這些目標的類別不同而且複雜，例如：

   • 相關的課程目標：「學生將針對不同領域的人類活動，認識及解釋事件、議題及發展之間的關係。」

   • 你的單元目標：「學生將檢視、分析及辨識歷史上各類軍事領袖的共同特質。」

5. **創造暫用的圖表組體**。修正你的腦力激盪圖表組體成為暫

用的圖表組體，工作樣本的單元目標、學習目標及教學計畫將從這個暫用的圖表產生，連同各節課順序、先備學習任務、與其他課程內容的整合、以及為有特殊需要學生而做的擴充或修正。

6. **將學習結果表現和單元目標具體化**。為確定學生在學習後能符合單元目標，每項單元目標應包括二至三項學習表現結果或者具體目標，同時這些結果或目標應和單元的及各節課的目標有關。單課目標是整個教學單元的骨幹。以下是一則單元目標：

- 你的單元目標：「學生將檢視、分析及辨識歷史上各類軍事領袖的共同特質。」

7. **針對每項單元目標發展及調整評量題目**。針對每項單元目標及具體學習目標，設計前測和後測題目，雖然前、後測題目不需相同，但必須適度相似以利評量學生是否真正精熟所學的每項學習目標，另外，應確定希望學生熟練的目標有難度和類別的差異，並且為有特殊需要的學生提供替代的評量。

8. **對學生進行前測**。在完成最後的單元教學設計之前，應決定每位學生在每則目標的能力表現。向你的學生解釋，前測不計分，但結果將幫助教師實施教學以充分符合學生的背景及需要。

9. **分類分析及記錄前測的資料**。先針對每項單元目標，分析每位學生應學會的能力，然後以降序排列方式將學生的前測得分由大到小排序並分為四組，每組至少兩位學生（實際各組人數根據邏輯分組的組數而定）。這些前測的資訊

不僅對最後的學習進步提供證明，也能幫助你設計單元教學及決定個別化教學的實施。

10. **設計各節課的教學以符合單元目標與學生需要**。在這個階段，你應該彙整為這個單元而設計的各節課教學計畫，雖然組織教學計畫的方式有許多種，各節課的格式宜相同而且保留共同的要素。

11. **實施教學**。以工作樣本的教學計畫實施教學且視需要修正之，以促使學生達到最大限度的日常學習和單元學習。以下是一些教學的建議：

   (1)在教學單元中納入不同的教學及評量策略，經常評量邁向單元目標的進步情形，以及隨著評量結果修正教學。

   (2)試著證明你選擇的教學策略有效，換言之，能辯解所選擇的教學策略將如何加強學生在單元目標的學習。

   (3)根據學生不同的語言、文化、學業及發展優勢，區分你的教學，同時將不同的學習風格納入考慮。

12. **就每項單元目標對學生進行後測**。分組分析學生的分數，包括計算學習進步及全組平均分數。

13. **展示你的資料**。使用含有前測、後測資料及計算學習進步分數的表格，列出分組與分組平均分數，並將這些資料繪成統計圖以比較各組的學習進步，也可以畫出每一位學生的進步分數，雖然統計表格也能提供有關個人進步分數的資訊。

14. **提供文字敘述的資料解釋**。仔細觀察各組的分數，以文字敘述的格式解釋你看到的學習進步（或未發現的進步），並且解釋為什麼學生有進步或沒有進步。另外，如果有適

合者，從每組學生中選出幾位需要特別評註的學生，評註
其測驗的結果。

15. **寫下反省**。審視整個工作樣本，思考下列問題：你從教學
過程學到什麼？在目標本位或標準本位的教學中，哪些對
你最有用？你想做哪些改變？前、後測評量的成效如何？
因應學生語言、文化、學業及發展而實施的因材施教，效
果如何？

16. **編製附錄**。附錄應包括你為本單元教學而編製的所有講義、
投影片、閱讀書目、教材清單及其他教學資源的複本，附
錄的目的在展示各項學生學習任務的代表樣本。

資料來源：在本附錄中所敘述的整體教學單元發展過程，取材自西奧瑞
崗大學師資生的學習資源，並經准予重製。在這套教學單元
的設計程序中，有些元素可以採用，有些則可以考慮不用。

附錄 D
科羅拉多州湯普生學區的教師標準、教師評鑑工具及策略

觀察前的工具	教學	標準 1-4

教師：_____　職稱：_____

請在_____（時間）和我一起參加觀察前會議。

觀察後會議舉行的日期及時間：_____

標準本位計畫

請準備下列資訊作為會議的討論資料。

1. 列出教學觀察的學科領域，以及擬定參考的標準或基準。

2. 描述該課所教的概念（如「減法」）。

3. 進行正式觀察的時間（寫出你的建議）。

　　日期：_____　時間：_____　地點：_____

4. 寫出前測分析的依據或敘述你想如何進行前測，請描述你的前測工具或在觀察前會議時將它帶到會上。

5. 寫出你想使用的後測評量工具。請將後測工具及評分說明或評分指標攜至觀察前會議。

6. 請在觀察前會議時提供任何你想分享的資訊。

觀察前的工具 　　　　　　　教學 　　　　　　　標準 1-5

教師：＿＿＿＿＿＿＿＿＿　觀察前會議的時間：＿＿＿＿＿
正式觀察的時間：＿＿＿＿＿　觀察後會議的時間：＿＿＿＿＿
教學觀察的情境：＿＿＿＿＿＿＿＿＿＿＿＿＿＿＿＿＿＿

資料帶動的教學計畫

本表可作為初任教師或擔任新職教師的自我評鑑工具，以幫助教師準備教學觀察或相關會議；根據標準及資料帶動的教學，本表也是觀察前會議的工具；若可行，負責觀察的教師應摘要特定的實例或事證；評鑑人員則可利用本表在教學觀察時蒐集相關資料。

先排定教學觀察和觀察前會議的時間，然後至少在教學觀察日的前一天，填妥本表交給你的評鑑人員。謝謝！

1. 確認本課對應的課程標準或基準，並簡述你將如何對學生說明這些標準或基準。

2. 你使用了哪一項前測工具作為本課的教學基礎？請詳細說明並附上評分標準及評量分析。

3. 教學結束之後，你希望哪些知識學生能在幾年內熟記不忘？

4. 學生如何知道自己這節課的學習效果很不錯？請附上這節課的評分標準或這個單元的評分指標。

5. 你將使用哪些模式證明自己在這節課的教學熟練度或進階的績效水準？請附上相關模式的說明或直接簡述。

6. 你將使用哪些教學策略及資源來幫助學生獲得良好的評量結果？把你的決定和前測結果或本單元總結評量的預期表現相互關連。

7. 對學習表現未達熟練以及已達進階程度的學生，你預計做哪些教學的修正？請附上舉例說明。

8. 附上最後的總結評量工具，包括評分說明或評分指標。

引用自 Lamar RE-2 學區之觀察前的工具（Terri Quackenbush 設計，1999）

觀察前的工具	教學	標準 1-5

教師：＿＿＿＿＿＿＿＿　職稱：＿＿＿＿＿＿＿＿＿＿

觀察前會議的日期及時間：＿＿＿＿＿＿＿＿＿＿＿＿

教學觀察日期：＿＿＿　時間：＿＿＿　教學環境／活動：＿＿＿

標準本位的教室教學

本表可作為觀察前的工具，用來記錄觀察前會議的內容，或者由教師在教學觀察前填寫此表；行政人員也可利用本表的指引，記錄關於資料帶動教學的證明。

1. 你的教學重點是什麼？（課程標準）

2. 你教這節課的依據是什麼？（前測評量）

3. 教學後你的學生獲得哪些知能作為學習結果？（如基準、能力指標或技能）

4. 你如何知道學生已經習得思考、技能、知識或產生作品？（說明評量的類別）

5. 你使用哪一種標準？（說明評量的設計）

6. 你的教學必須考慮哪些特定的學習需求和學習風格？（學習者的特色）

7. 你將使用哪些教學策略？為什麼？

8. 你準備了哪些教材？

9. 教學環境看起來如何？

10. 考慮以上的問題，你把這節課的焦點放在資料帶動教學的哪一方面？

自我評鑑的工具　　　　　　　教學　　　　　　標準 1-5

教師：＿＿＿＿＿　日期：＿＿＿＿＿　情境：＿＿＿＿＿

其他評語：＿＿＿＿＿＿＿＿＿＿＿＿＿＿＿＿＿＿＿＿

使用新的教學策略

本表可供初任教師或擔任新職教師作為教學觀察後的工具；它也是一份指出專業目標的良好指標工具；行政人員則可利用本表作為觀察後會議或目標發展會議中的反省事項。

嘗試應用不同的教學策略，有助於因應學生的各類學習需要因材施教。有些教學策略可能使學生產生較高的成績，或者增進班級氣氛以助長良好紀律與學生福祉。

1. 我選擇的一項教學策略：

2. 我將如何應用這項策略：

3. 我想要延伸使用這項教學策略，或者學習應用此策略的理由：

4. 在符合特定學生的需要方面，我用來評量教學策略成效的方法：

引用自《*Portfolio Assessment: Teacher Self-Evaluation*》

觀察前或觀察後的工具　　　　教學　　　　標準 1-5

教師：＿＿＿＿＿＿＿＿＿　職稱：＿＿＿＿＿＿＿＿＿

觀察前會議的時間：＿＿＿＿＿　觀察後會議的時間：＿＿＿＿＿

教學觀察日期：＿＿＿　時間：＿＿＿　教學情境／活動：＿＿＿

觀察前和觀察後：使用各種教學策略

1. 本表可作為教師自我評鑑的工具。
2. 本表可作為觀察前和觀察後的工具。
3. 本表也可作為指出專業成長目標的良好指標工具。
4. 行政人員可利用本表的題目，作為觀察後會議或目標發展會議中的反省事項。

嘗試應用不同的教學策略，有助於因應學生的各類學習需要而因材施教。當班級氣氛的增進能助長良好紀律與學生福祉時，有些教學策略可能使學生產生較高的成績。

教學觀察前

1. 我認為可能增加學生成就的教學策略是：

2. 描述這項教學技術或策略：

3. 學生先前的學業表現使我選擇這項教學策略，因為：

4. 我用來評量這項策略成效的方法是：

教學觀察後

1. 這項教學策略的成效如何？

2. 你如何知道教學策略的成效？（提供評量結果）

3. 你會再次使用這項策略嗎？為什麼會或為什麼不會？

4. 在什麼情況下你會再次使用這項策略？你將如何改進它？

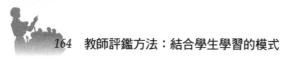

觀察前的工具　　　　　　教學　　　　　　標準 1-4

教師：＿＿＿＿＿＿＿＿　觀察前會議的時間：＿＿＿＿＿＿＿

教學觀察的情境：＿＿＿＿＿　日期及時間：＿＿＿＿＿＿

觀察後會議的日期及時間：＿＿＿＿＿＿＿＿＿＿＿

計畫學習評量

回答 1 至 4 項問題後，至少在教學觀察日前一天將本表交給你的評鑑者。你需要在觀察後會議舉行之前完成第 5 題。

1. 列出作為目標的學科學習標準及基準：

2. 學生有哪些可觀察的行為能證明其精熟學習：

3. 設計一項學習評量，以評量學生的學習結果與本節課的學習表現基準之差異。請連同你應用的精熟學習或更高階學習模式，附上這份學習評量的設計。通過學習評量的學生應有哪些先備能力，請列出這些能力：

4. 本節課採用哪些教學策略吸引學生，並幫助其準備學習評量：

5. 分析本節課學習評量的結果，以決定學生的表現程度：

引用科羅拉多州拉弗連湯普生學區的資料。

資料蒐集工具 教學 標準3

教師： 日期： 教學情境：

其他評語：

在教學中應用對學生的期望和學習評量

此工具可用來評鑑教師的班級評量過程，評鑑者可以使用特定的測驗實例與學習評量的分析結果，或者可從提供前測評量資料的教學計畫了解學習評量的結果。

在合適的敘述之前打「√」。

測驗內容　　　　　　　　　　　　　　　　　　　　評註
＿＿＿評量包括高層次的思考技能。

對學生介紹評量
＿＿＿向學生介紹評量以強調重要的學習和評量的目的。

對學生說明要求
＿＿＿說明參加測驗的規則和技巧。

和學生檢討測驗結果
＿＿＿和全班或個別學生檢討評量的結果。

後續評量
＿＿＿教師為未達最低標準的學生安排補救教學，並進行重測以確定
　　　他們達到標準。
＿＿＿教師為前測已達標準的學生安排充實課程或其他替代的教學。

學生的自我評量
＿＿＿教師使用評量來幫助學生評估自己的學業表現。

評量的使用
＿＿＿教師使用評量的分析結果，以計畫未來的教學並決定學生的學
　　　業表現水準。
＿＿＿將評量的分析結果用於決定教學效能。

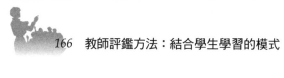

| 觀察後的工具 | 教學 | 標準 1-5 |

教師：_____ 觀察前會議的時間：_____

教學觀察的日期及時間：_____ 環境：_____

觀察後會議的日期及時間：_____

反省學習評量計畫

本表可作為教學觀察後教學者填寫的表格，或用於引導觀察後的會議。

列出教學的標準或基準：_____

_____

界定所使用的評量類別：_____

_____

1. 你選擇這項評量是因為它有什麼獨特的特色？

2. 你依據哪些評量資料選擇這些策略？

3. 為這節課或這個單元，你在學習評量上做了哪些一般的或特別的改變？

4. 這類學習評量提供你哪些基本的教學目的或教學資訊？

5. 你認為這項學習評量有哪些優點？

6. 你認為這項學習評量有哪些缺點？

7. 對於評鑑這項學習評量的成效，你的資料分析基礎是什麼？

8. 如果再次使用這項評量，你會做哪些改變？為什麼？

部分取材自 Peter Airasian and Arlen Gullickson, *Teacher Self-Evaluation Tool Kit,* Corwin Press Inc., Thousand Oaks, CA, 1997.

教師評鑑工具	專業成長	標準 7-10

教師：_____　日期：_____　教學情境：_____

其他評語：_____

專業成長計畫

教師可以使用這項自我評鑑工具監控其專業目標的進展，例如使用書面的專業發展計畫引導自我改進與學習，然後分析專業發展計畫的執行結果。行政人員可用本表作為：(1)反省的問題；(2)一般資料的蒐集；或(3)專業目標發展會議。使用者可應用本表摘要證明、觀察或實例，以及查核指標的達成。

第一部分：創造一份專業發展計畫

____ 1. 本計畫擬訂了專業成長、教學成長及改進的目標，<u>並且設計達到這些目標的活動</u>。

____ 2. 本計畫由教師與行政人員根據自我評量的資料，協同發展而成。

____ 3. 本計畫支持學校或學區的教學優先事項。

____ 4. 教師承擔管理本項計畫的責任，以及負責及時完成本計畫。

____ 5. 教師與行政人員定期檢討本計畫，需要時就修正計畫。

第二部分：實施專業成長計畫

____ 1. 教師能確認在專業與教學方面的某些具體改進，是因為實施專業成長計畫的結果。

____ 2. 教師閱讀與專業成長計畫及任務有關的專書和論文。

____ 3. 教師參與專業成長計畫有關的工作坊、研究所課程及學術會議。

____ 4. 教師參加學校或學區層級的委員會。

第三部分：分析專業發展計畫的實施結果

____ 1. 教師藉由提出實例以及實作表現分析為附錄的書面摘要，證明自己完成專業成長計畫的每一項指標。

____ 2. 書面分析報告能說明專業成長活動的影響。

____ 3. 分析報告及作品能以打字、編輯及專業的方式呈現。

____ 4. 教師能分析成長計畫的成功之處與未來專業成長或實施的跡象。

其他值得注意的活動或進步：

附錄 E
亞歷山卓市的教師績效責任定義

一、提供資料的各分區學校

維吉尼亞州：

查爾斯市縣立公立學校（Charles City County Public Schools）

丁威地縣立公立學校（Dinwiddie County Public Schools）

漢普敦市公立學校（Hampton City Public Schools）

國王與王后縣立公立學校（King and Queen County Public Schools）

威廉國王縣立公立學校（King William County Public Schools）

挪森伯連縣立公立學校（Northumberland County Public Schools）

維吉尼亞灣市公立學校（Virginia Beach City Public Schools）

威廉斯伯格─詹姆斯市縣立公立學校（Williamsburg-James City County Public Schools）

密西根州：

雷那威中間學區（Lenawee Intermediate School District）

二、教師績效的面向及定義

面向	定義
教學	這個面向涵蓋教學的組織和傳遞（實施），教師的主要責任包括計畫與實施符合教學目標的各種活動，以及選擇與學生能力和學習風格相稱的教學方法，而教學的目的則在創造學習經驗以產生可評量的學生成就。
評量	這個面向包括蒐集學生成績報告的過程，以及一貫地使用各種資料來計畫教學、評量學生成就及改進學生的學業表現。
學習環境	這個面向顯示教師應藉由使用資源、常規及程序創造積極的學習環境，以提供一個能促進學生學習的安全又有效率的教室環境。
人際溝通與社區關係	這個面向描述教師有責任運用有效的溝通策略，與學生、家長及社區成員共同合作，用以促進對學生學習的支持。
專業水準	這個面向界定教師在推進學校的使命時，在展現對專業倫理和專業成長的承諾方面之行為標準。

資料來源：亞歷山卓市公立學校准予重製。

三、教師的各項績效責任

面向	定義
教學	I-1 教師對課程涵蓋的學科內容展現正確新穎的知識。 I-2 教師計劃教學以達到預期的學生學習目標，這些目標反映目前學區和州定的課程標準。 I-3 教師使用符合學生需要與能力、以及支持審定課程的教材及資源。 I-4 教師設計各式教學以符合學生的不同需求。 I-5 教師透過教學策略的有效運用促進學生的學習。
評量	A-1 教師使用各種持續的和總結的學習評量，來評量學生的進步。 A-2 教師將學生的成績資料用於教學計畫及教學決定。 A-3 教師提供適時且持續的回饋以鼓勵學生的進步。
學習環境	E-1 教師將教學時間的利用發揮到最大限度，以增加學生的學習。 E-2 教師組織教室環境，以確保學生在安全有益的情境下學習。 E-3 教師管教學生，使學生表現適當的行為。
人際溝通與社區關係	C-1 教師以適當而有效的方式和學生溝通。 C-2 教師與學生的家長或監護人維持即時的溝通，以討論學生的進步或問題。 C-3 教師與學校及社區成員之間能有效地溝通及合作。
專業水準	P-1 教師表現與其專業相稱的倫理與道德行為。 P-2 教師持續參與專業發展的過程。 P-3 教師對其所屬專業、學校、學區及社區做出貢獻。

資料來源：亞歷山卓市公立學校准予重製。

附錄 F
田納西州的教師評鑑綱領、
評量指標及評鑑表格

（資料來源：田納西州教育廳准予重製。）

 一、教師評鑑與專業成長綱領

現行的「田納西州地方教師評鑑州定模式」（Tennessee State Model for Local Evaluation）自一九八八年開始採用，其基礎是一套根據教師效能研究而訂定的最低專業能力或能力指標，其傳統的教師評鑑程序則包括觀察前的準備、進行教學觀察、填妥要求的評鑑表格及舉行觀察後的會議等。

㈠概述改變評鑑的需求

一九九五年，田納西州教育理事會的總體規劃包括：重新評估以當前本州計畫為基礎的「地方教師評鑑模式」，以及引進「全國初任教師標準」（National Standards for Beginning Teachers）。地區性評鑑過程的修訂反映在鼓勵與接受多元教學方法、注重國家標準，以及使用學生學業表現的資訊。

納入發展「教師評鑑與專業成長綱領」（Framework for Evaluation and Professional Growth）的相關辦法包括：「田納西學校改進

計畫過程：繼續學習的藍圖」（一九九六訂定）、由「州際初任
教師評量與支持聯合會」（Interstate New Teacher Assessment and
Support Consortium）提出的兩項方案修正建議──「田納西教師
執照標準：專業版」（一九九七年訂定）和「初任教師核發執照
的示範標準：州政府問答彙編」（一九九二年訂定）、「田納西
州的學校教育到職涯計畫：計畫執行摘要」（一九九六出版）、
以及近來有關現場視導（clinical supervision）和發展性視導的研
究。其他各州、甚至加拿大的評鑑模式也列入參考。

考慮到上述辦法，「教師評鑑與專業成長綱領」的設計目的
在促進本州目前執行的計畫，例如引進「課程與教學綱要」和改
進學校的程序、以及改善對所有教師的評鑑品質。這套新教師評
鑑辦法的焦點在於，透過評鑑過程以發展並評量教師改進學生學
業表現的能力。

㈡目的

教師評鑑的目的如下：

1. 績效責任：確定評鑑的過程考慮到教師在班級教學與學校
   的效能。
2. 專業成長：提供教師最能著力的專業成長領域，該領域最
   能促進學生成就的改善。
3. 凝聚學校結構：使學校內的對話增加並集中在改進學生服
   務的目標之上。

「教師評鑑與專業成長綱領」的設計在落實上述目的，並且

提供一套要求檢視下列事項的評鑑過程:

1. 學生必須學會的知識和能力。
2. 教師影響學生必備知能學習的教學行為。
3. 學生成功達到這些學習目標的程度。
4. 教師評鑑對教師續任教職和未來專業成長的影響。

㈢信念與原則

1. 每位教師都應該擁有一套教學策略,而教學內容、教學目的及學生的需要應該帶動教師選擇及實施適當的教學策略。
2. 評鑑教學行為的效能必須根據學生、學校及學校系統的特色,以及學生的需要和學校組織的結構;必須根據學生的學業表現;以及根據長期暨短期的教學效能。
3. 對完整描述教師績效而言,多元的資料來源不可或缺。
4. 教師評鑑過程必須順應新任和有經驗教師之需要。
5. 評鑑過程必須被所有教師與評鑑者了解。
6. 評鑑結果與教師的專業成長計畫之間必須有直接的關連。

二、「教師評鑑與專業成長綱領」的組成

　　在區辨學生、教師、學校及學校系統的不同需要方面,本綱要包含了兩套主要的評鑑——「綜合評鑑與專業成長」和「重點評鑑與專業成長」。

　　「綜合評鑑」(comprehensive assessment)被用於評鑑新任(含實習)教師,但也適合需要視導人員或行政人員提供具體建

議的有經驗教師，其評鑑模式包括必要的結構，以利綜合描述教師績效與未來專業成長的焦點。

學校系統與教師可以選擇第二種評鑑 —— 重點評鑑（focused assessment）。重點評鑑只限有專業執照的人員使用，其開始的評鑑程序為依據之前的評鑑結果、教師自評及學生學業表現的資料，確認教師目前的績效水準。有了這些資訊，再加上行政人員的建議，教師就可以擬訂專業發展的目標和計畫。此計畫的重點必須包括下列：

1. 根據由各種評量技術蒐集到的學生成績資料及教師績效標準，定出擬定加強的領域（成長的領域）。
2. 陳述專業成長的目的及目標。
3. 摘要行動計畫的大綱，含實施的時間表。
4. 列出在實施計畫之後，用來衡量進步及成長的評鑑方法及標準。
5. 以教師的專業成長對學生學業表現的影響為重點，說明本計畫的預期效益。

專業成長計畫會依據下列標準審查及同意實施：

1. 本計畫在邏輯上是否針對教師個人、年級、學校或學校系統，提出一個需要加強的領域？
2. 本計畫是否提出證據，說明教師專業成長的結果能夠改進學生的學業表現？
3. 本計畫列出的評鑑方法是否能適當監控教師成長過程，以

及學生學業表現受影響的情況？教師是否列出特定且合理的學生成就指標？

　　根據教師專業成長目標的性質，行動計畫可以是下列的任意組合：教室觀察、為加強學科內容知識和教學技巧（或專業技巧）而做的研究、行動研究、協同合作、以及在實施階段對學生使用認知訓練（cognitive coach）。

　　評鑑人員負責監控行動計畫的實施，並且在評鑑期結束時主持目標評鑑的總結會議，之後即可完成重點評鑑的總結報告。在評鑑結束後，若有必要，評鑑人員有權再度進行教室觀察或查閱其他資料。

(一)摘要

　　「教師評鑑與專業成長綱領」給予學校系統和教師實施上的彈性，只有「綜合評鑑與專業發展」是綱要中必須執行的部分；學校系統可以自由選擇使用「重點評鑑與專業發展」，以利評鑑被調整到適合學校改進計畫以及具體的學生、教師及學校系統需要，同時，使評鑑能以現今有關教師績效的知識為根據。

三、「綜合評鑑與專業發展」：教師與評鑑者的任務

(一)目標對象

　　對實習教師而言，「綜合評鑑與專業成長」是必須接受的評

鑑；如果學校系統要求，可用其評鑑所有非長聘的教師；需要行政人員給與具體建議的有經驗教師，也可以適用。這套評鑑模式對教師績效表現與教學效能有完整的描述，並且提供專業成長的焦點。

㈡教師的任務

1. 使用各種資訊來源完成自我評鑑。根據教師績效標準以及從各式評量技術蒐集到的學生成績資料，教師必須列出三項優勢與三項擬成長的領域。

2. 針對每項宣告和未宣告的觀察，完成一份「計畫資訊紀錄」（planning information record）。這份紀錄包含教師為班級學生所做的教學決定、學生資料在教學設計的應用、以及區辨教學效能需蒐集的資訊。

3. 在各項觀察之後完成「反省資訊紀錄」（reflecting information record）。這份紀錄在建立有效教學行為與學生學習評量之間的關連。

4. 在「教師資訊紀錄」（Educator Information Record）中編輯工作樣本，並在最後的觀察之前繳出。此表格記錄教師評鑑與教師成長方面無法觀察到的行為（non-observable behaviors）。

5. 擬訂評鑑後實施的未來成長計畫。計畫的深度可能決定於評鑑週期，以及此一計畫的執行是否准予超過一個評鑑週期。

㈢評鑑者的任務

1. 查閱先前的評鑑資料。

2. 向教師介紹評鑑的過程，並且在評鑑過程，對於討論專業能力的優勢、成長的領域、以及確認需要改善的領域等，提出意見。

3. 探究計畫過程的任何領域以便澄清過程或確認深度（參考「計畫資訊紀錄」）。

4. 註記所有教室觀察有關的事件和事實（對第一年和第二年的實習教師，至少記錄三次教學觀察；對第三年和有專業執照的教師，至少記錄兩次的教學觀察）。

5. 找出教師是「反省的實踐者」（reflective practitioner）的證明——他們分析自己的教學行為與學生學業表現的關連（參考「反省資訊紀錄」）。

6. 在「評鑑紀錄」（appraisal record）中對整個教學觀察過程提供回饋（教學觀察過程包括計畫、觀察及反省）。

7. 查閱「教師資訊紀錄」。

8. 完成「綜合評鑑——總結報告」。

9. 討論在總結報告中判定的教師績效水準，以及確認在「未來成長計畫」應加強的領域。

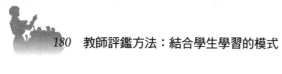

綜合評鑑
教師資訊紀錄

教師姓名：＿＿＿＿＿＿＿＿＿　校名：＿＿＿＿＿＿＿＿＿

本表旨在蒐集有關「學習評量與教師評鑑」和「專業成長」面向的資訊樣本，評鑑者可要求進一步澄清這些資訊。使用時可直接記錄在表格上或依格式另行複製。

面向Ⅲ：學習評量與教師評鑑

1. 請就以下各項目寫出你使用過的最有效的學習評量、學習結果的實例及這些資料如何用於教學的決定。

前測（你如何決定學生在教學前的起點水準？）　　　ⅢA

簡述使用的學習評量（可附上評量的複本）	評量的結果	評量結果的應用

持續的進步（你如何確定學生的進步是教學的結果？）　　ⅢB

簡述使用的學習評量（可附上評量的複本）	評量的結果	評量結果的應用

（續）

教學策略與技術的評鑑

（你如何確定教學策略和技術對學生的教學效能？）　　ⅢC

簡述使用的學習評量 （可附上評量的複本）	評量的結果	評量結果的應用

2. 如果你已收到田納西加值評鑑（TVAAS）的教師報告——內有學生三年的平均成績，請回答下列問題：

　(1)分析 TVAAS 的資料之後，你從使用的教學技術（或策略）和學生的學習結果學到些什麼？

　(2)你如何把這些資料用於教學的決定？

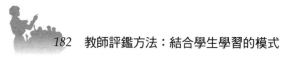

（續）

3. 舉例列出全班前測和後測的結果，並簡述學生的進步幅度及如何
   將分析的結論用於教學決定（可附上學習評量的複本）。　ⅢD

前測資料	後測資料	結論

上述資料的使用：

4. 你會使用哪兩種最有效的方法，與學生家長及其他合適的人溝通
   學生的學習情況？　ⅢB

（續）

面向 V：專業成長

5. 合作是指兩位以上的教師共同付出心力及互相學習專業知識，教師常有參與專業成長的機會，如共同的專業發展活動。請於下列填寫你最近參加的專業活動之概況。　　VA

活動的主題及日期	合作的目的	合作的結果

6. 請於下表填寫你曾參加過、對你最有用的兩項專業成長活動，包括簡述研習結果在教學的應用，以及由於你的專業成長可能對同儕產生的專業領導效應。　　VB

專業發展活動的 主題及日期	因專業發展活動產生的教學應用或領導效應

評量指標

面向Ⅲ：學習評量與教師評鑑。

指標A：教師使用適當的學習評量策略與工具，以獲得有關學生及其持續
進步情況的資訊，並且將這些資訊用於產生教學的決定。

A 級績效水準

基本上，學習評量被用於證明學生的學業表現，評等與評分的根據為評量
結果，但評量結果甚少用於學習診斷或教學。學習評量通常用於評量單元
教學結束後學生的學習結果，一般的學習監控策略（如發問、指定作業）
則被用於辨認學生的學習狀況，若全班學生對所教的概念都未能理解，教
師會再教一遍。

B 級績效水準

學習評量被用於學年開始時，以利做出有關本學科的教學決定；教師根據
擬定評量的學習結果，選擇適當的評量方法與工具，各種評量策略（正式
或非正式）都被用來產生有關學生經驗、學習模式、學習態度及進步的資
訊；教師很恰當地實施各種評量並且正確解釋評量的結果，而在一整個學
年之中教師做出教學決定之前都會參考這些資料。

C 級績效水準

教師在各式評量的使用及解釋方面，能展現對於評量理論與評量問題（如
信度、效度、偏見及對評分的疑慮等）的理解能力；基於這方面的理解能
力，教師自編測驗的編製能夠適切地評量預期學習結果；教師有系統地正
確使用持續的評量來計畫、改進及修正教學；相對於只區辨全班學生是否
大致理解或未理解所學，教師會根據學生某次學習的學習診斷給與補救教
學、一般的教學或充實的教學；而且在教學過程中教師也會使用適當的技
術，來評量學生對學習目標的理解及熟練度。

資料來源：和教師的會議、教師資訊紀錄、計畫資訊紀錄、教室觀察
及反省資訊紀錄。

評量指標

面向Ⅲ：學習評量與教師評鑑。

指標 B：向學生、學生家長及適當他人溝通學生的學習狀況與進步。

A 級績效水準

學生的成績累計報告以要求的間隔時間，提供給學生、家長及其他適當人士；教師提供學生一般的回饋——反映其測驗作答結果的正誤概況；有關學生學習與學業表現的必備紀錄被加以保存。

B 級績效水準

教師會經常告知學生其回答問題的正確度以及學習目標達成的狀況；另外，教師也會將學生的狀況、學業及情意方面的改變，適時告知學生家長及適當他人；教師已經和學生、學生家長及適當他人建立了雙向溝通的慣例。

C 級績效水準

教師為了改進學生的學業表現，將診斷性與處方性的資訊提供給學生、學生家長及適當他人；教師關注的焦點是應該做些什麼，以幫助學生達到更高一層的學業表現；教師也改善溝通的策略，以確定學生家長及學生的回饋會影響教師改變；而有關學生學習及學業表現的有用紀錄會被加以保存。

資料來源：和教師的會議、教師資訊紀錄及教室教學觀察。

評量指標

面向Ⅲ：學習評量與教師評鑑。

指標Ｃ：教師藉由持續評鑑教學的成效，反省教學實務。

Ａ級績效水準

學習評量的焦點在區辨學生的成就，和教師使用的教學策略或技術之效能鮮少關連；教師反省的事項涵蓋對教室教學行為的正確描述——包括教學事件的順序、教師與學生的行為、以及時間分配等，有了這些正確的描述，教師就能決定教學的整體成功程度。

Ｂ級績效水準

教師運用各種評量的結果，來決定學生的成功學習和教師教學行為的關係；教師能從教學策略或技術的效能，正確解釋這些評量結果的意義；教師會根據評量資料的正確解釋，對教學策略和行為做出修正、適應及改善。

Ｃ級績效水準

教師能在教學反省、學習評量及學生學習構成的循環過程中，與同儕交流具體的實例；教師使用關於教室教學、學生進步及研究的資料作為資源，來評鑑教學和學生學習的結果，並根據這些資料對教學實務進行實驗、反省及修正。

資料來源：和教師的會議、教師資訊紀錄及反省資訊紀錄。

評量指標

面向Ⅲ：學習評量與教師評鑑。
指標 D：教師評鑑學生的學業表現並決定學生的進步幅度。

A 級績效水準

教師引用評等或累計分數作為學生成長的證明，基準資料的使用只限於解釋學生的學習；教師針對學生的學業進步和態度的正向改變，記錄正式和非正式評量結果的一般陳述。

B 級績效水準

教師使用學習評量技術，來決定學生在教學前和教學後的學業表現水準；教師對於學生的進步幅度及可能的干擾變數，都能很合理地說明，並且表達出評量資料的正確性與實用性；教師使用的學習評量策略可能類型有限，但是包括了認知和情意兩大領域的有組織的評量方法。

C 級績效水準

教師使用適當的評量技術，來衡量學生在教學後熟練的知能；適當的認知評量與情意評量，同時被用於描繪更完整的學生進步情形；教師以合理和負責的態度溝通學生的進步情形，並應用其對於所有教學干擾因素的知識和了解，來決定學生正確的進步幅度。

資料來源：和教師的會議、教師資訊紀錄及反省資訊紀錄。

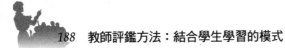

參考文獻

Airasian, P. W. (1997). Oregon Teacher Work Sample Methodology: Potential and problems. In J. Millman (Ed.), *Grading teachers, grading schools: Is student achievement a valid evaluation measure?* (pp. 46–52). Thousand Oaks, CA: Corwin Press.

Alexandria City Public Schools. (2000a). *Teacher evaluation technical manual.* Alexandria, VA: Author.

Alexandria City Public Schools. (2000b). *Academic goal setting.* Alexandria, VA: Author.

Alexandria City Public Schools. (2003a). Fast facts: Alexandria City Public Schools at a glance. Retrieved February 15, 2004, from http://www.acps.k12.va.us/fastfact.php

Alexandria City Public Schools. (2003b). Proposed operating budget FY 2005: Special needs enrollment. Retrieved February 15, 2004, http://www.acps.k12.va.us/budgets/op2005_b.pdf

Alexandria City Public Schools. (2003c). ACPS food and nutritional services. Retrieved February 15, 2004, from http://www.acps.k12.va.us/fns/stats.pdf

Alexandria City Public Schools. (2003d). About ACPS. Retrieved February 15, 2004, from http://www.acps.k12.va.us/promo.php

Archer, J. (1999, May 5). Sanders 101. *Education Week,* 26–28.

Bearden, D. K., Bembry, K. L., & Babu, S. (1995, April). *Effective schools: Is there a winning combination of administrators, teachers, and students?* Paper presented at the annual meeting of the American Educational Research Association, San Francisco, CA.

Bembry, K., Jordan, H., Gomez, E., Anderson, M., & Mendro, R. (1998, April). *Policy implications of long-term teacher effects on student achievement.* Paper presented at the annual meeting of the American Educational Research Association, San Diego, CA.

Black, P., & Wiliam, D. (1998). Inside the black box: Raising standards through classroom assessment. *Phi Delta Kappan, 80,* 139–148.

Bloom, B. S. (1984). The search for methods of group instruction as effective as one-to-one tutoring. *Educational Leadership, 41*(8), 4–17.

Bock, R. D., & Wolfe, R. (1996). *A review and analysis of the Tennessee Value-Added Assessment System.* Knoxville, TN: Tennessee Comptroller of the Treasury.

Borg, W. R., & Gall, M. D. (1989). *Educational research: An introduction* (5th Ed.). New York: Longman.

Bransford, J. D., Brown, A. L., & Cocking, R. R. (Eds.). (1999). *How people learn: Brain, mind, experience, and school.* Washington, DC: National Academy Press.

Bratton, S. E., Jr., Horn, S. P., & Wright, S. P. (1996). *Using and interpreting Tennessee's Value-Added Assessment System: A primer for teachers and principal* [Booklet]. Knoxville, TN: University of Tennessee.

Brophy, J., & Good, T. (1986). Teacher behavior and student achievement. In M. C. Wittrock (Ed.), *Handbook of Research on Teaching* (pp. 328–375). New York: MacMillan.

Camphire, G. (2001). Are our teachers good enough? *SED Letter, 13*(2). Retrieved November 12, 2001, from http://www.sedl.org/pubs/sedletter/v13n2/1.htm

Carey, K. (2004). The real value of teachers: Using new information about teacher effectiveness to close the achievement gap. *Thinking K–16, 8*(1), 1–6.

Carnoy, M., & Loeb, S. (2002). Does external accountability affect student outcomes: A cross-state analysis. *Educational Evaluation and Policy Analysis, 24,* 305–331.

Cawelti, G. (1999). *Portraits of six benchmark schools: Diverse approaches to improving student achievement.* Arlington, VA: Educational Research Service.

Ceperley, P. E., & Reel, K. (1997). The impetus for the Tennessee Value-Added Accountability System. In J. Millman (Ed.), *Grading teachers, grading schools: Is student achievement a valid evaluation measure?* (pp. 133–136). Thousand Oaks, CA: Corwin Press.

Coles, A. D. (1999, June 16). Mass-produced pencil leaves its mark. Retrieved February 19, 2004, from www.edweek.org/ew/vol-18/40pencil.h18

Collinson, V., Killeavy, M., & Stephenson, H. J. (1999). Exemplary teachers: Practicing an ethic of care in England, Ireland, and the United States. *Journal for a Just and Caring Education, 5*(4), 349–366.

Colorado Educator Licensing Act (Colo. Rev. Stat., Section 22-60).

Colorado State Legislature HB1338.

Colorado State Legislature HB00-1159.

Corcoran, T., & Goertz, M. (1995). Instructional capacity and high performance schools. *Educational Researcher, 24,* 27–31.

Corno, L. (2000). Looking at homework differently. *The Elementary School Journal, 100*(5), 529–549.

Cotton, K. (2000). *The schooling practices that matter most.* Portland, OR: Northwest Regional Educational Laboratory, and Alexandria, VA: Association for Supervision and Curriculum Development.

Covino, E. A., & Iwanicki, E. (1996). Experienced teachers: Their constructs on effective teaching. *Journal of Personnel Evaluation in Education, 11,* 325–363.

Cowart, B., & Myton, D. (1997). The Oregon Teacher Work Sample Methodology: Rationale and background. In J. Millman (Ed.), *Grading teachers, grading schools: Is student achievement a valid evaluation measure?* (pp. 11–14). Thousand Oaks, CA: Corwin Press.

Cross, C., & Regden, D. W. (2002). Improving teacher quality. *American School Board Journal.* Retrieved May 17, 2002, from http://www.absj.com/current/coverstory2.html

Cruickshank, D. R., & Haefele, D. (2001). Good teachers, plural. *Educational Leadership, 58*(5), 26–30.

Cunningham, L. L. (1997). In the beginning. In J. Millman (Ed.), *Grading teachers, grading schools: Is student achievement a valid evaluation measure?* Thousand Oaks, CA: Corwin Press.

Danielson, C. (1996). *Enhancing professional practice: A framework for teaching.* Alexandria, VA: Association for Supervision and Curriculum Development.

Darling-Hammond, L. (1997a). *The right to learn: A blueprint for creating schools that work.* San Francisco: Jossey-Bass.

Darling-Hammond, L. (1997b). Toward what end? The evaluation of student learning for the improvement of teaching. In J. Millman (Ed.), *Grading teachers, grading schools: Is student achievement a valid evaluation measure?* (pp. 248–263). Thousand Oaks, CA:

Darling-Hammond, L. (2000). Teacher quality and student achievement: A review of state policy evidence. *Education Policy Analysis Archives, 8*(1). Retrieved January 22, 2004, from http://olam.ed.asu.edu/epaa/v8n1/

Darling-Hammond, L. (2001). The challenge of staffing our schools. *Educational Leadership, 58*(8), 12–17.

Darling-Hammond, L., & Youngs, P. (2002). Defining "highly qualified teachers": What does "scientifically-based research" actually tell us? *Educational Researcher, 31*(9), 13–25.

Darlington, R. B. (1997). The Tennessee Value-Added Assessment System: A challenge to familiar assessment methods. In J. Millman (Ed.), *Grading teachers, grading schools: Is student achievement a valid evaluation measure?* (pp. 163–168). Thousand Oaks, CA: Corwin Press.

Deiro, J. A. (2003). Do your students know you care? *Educational Leadership, 60*(6), 60–62.

Duke, D. L. (1990). Developing teacher evaluation systems that promote professional growth. *Journal of Personnel Evaluation in Education, 4,* 131–144.

Education Improvement Act, 9 Ten. Stat. Ann. ß49-1-603-608 (1990 Supp. 1992).

Educational Research Service. (1988). *Teacher evaluation: Practices and procedures.* Arlington, VA: Author.

Ehrenberg, R. G., & Brewer, D. J. (1995). Did teachers' verbal ability and race matter in the 1960's? Coleman revisited. *Economics of Educational Review, 14*(1), 1–21.

Eisner, E. W. (1999). The uses and limits of performance assessment. *Phi Delta Kappan, 80*, 658–660.

Emmer, E. T., Evertson, C. M., & Anderson, L. M. (1980). Effective classroom management at the beginning of the school year. *The Elementary School Journal, 80*(5), 219–231.

Falk, B. (2000). *The heart of the matter: Using standards and assessment to learn*. Portsmouth, NH: Heinemann.

Fetler, M. (1999). High school staff characteristics and mathematics test results. *Educational Policy Analysis Archives, 7*(9). Retrieved from http://olam.ed.asu.edu/v7n9

Ford, D. Y., & Trotman, M. F. (2001). Teachers of gifted students: Suggested multicultural characteristics and competencies. *Roper Review, 23*(4), 235–239.

Frymier, J. (1998). Accountability and student learning. *Journal of Personnel Evaluation in Education, 12*, 233–235.

Gamoran, A., & Nystrand, M. (1992). Taking students seriously. In F. M. Newmann (Ed.), *Student engagement and achievement in American secondary schools*. New York: Teachers College Press.

Gitomer, D. H., Latham, A. S., & Ziomek, R. (1999). *The academic quality of prospective teachers: The impact of admissions and licensure testing*. Retrieved from http://www.ets.org/research/dload/225033.pdf

Goldhaber, D. D., & Brewer, D. J. (2000). Does teacher certification matter? High school teacher certification status and student achievement. *Educational Evaluation and Policy Analysis, 22*(2), 129–145.

Greenwald, R., Hedges, L., & Laine, R. (1996). The effect of school resources on student achievement. *Review of Education Research, 66*(3), 361–396.

Grossman, P., Valencia, S., Evans, K., Thompson, C., Martin, S., & Place, N. (2000). *Transitions into teaching: Learning to teach writing in teacher education and beyond*. Retrieved on November 11, 2003, from http://cela.albany.edu/transitions/main.html

Haberman, M. (1995). *STAR teachers of children in poverty*. West Lafayette, IN: Kappa Delta Phi.

Hanushek, E. (1971). Teacher characteristics and gains in student achievement: Estimation using micro data. *American Economic Review, 61*(2), 280-288.

Harris, S. (2003). An andragogical model: Learning through life experiences. *Kappa Delta Pi Record, 40*(1), 38–41.

Hawk, P. P., Coble, C. R., & Swanson, M. (1985). Certification: Does it matter? *Journal of Teacher Education, 36*(3), 13–15.

Hill, D. (2000). He's got your number. *Teacher Magazine, 11*(8), 42–47.

Hoff, D. J. (1999, June 16). Made to measure. *Education Week*, 21–27.

Holmes Group. (1986). *Tomorrow's teachers*. East Lansing, MI: Author.

Howard, B. B., & McColskey, W. H. (2001). Evaluating experienced teachers. *Educational Leadership, 58*(5), 48–51.

Iwanicki, E. F. (1990). Teacher evaluation for school improvement. In J. Millman and L. Darling-Hammond (Eds.), *The new handbook of teacher evaluation: Assessing elementary and secondary school teachers* (pp. 158–171). Newbury Park, CA: Sage Publications.

Jackson, A. W., & Davis, G. A. (with Abeel, M., & Bordonard, A. (2000). *Turning points 2000: Educating adolescents in the 21st century*. New York: Teachers College Press.

Johnson, B. L. (1997). An organizational analysis of multiple perspectives of effective teaching: Implications for teacher evaluation. *Journal of Personnel Evaluation in Education, 11*, 69–87.

Joint Committee on Standards for Educational Evaluation. (1988). *The personnel evaluation standards*. Newbury Park, CA: Corwin Press.

Jordan, H., Mendro, R., & Weerasinghe, D. (1997, July). *Teacher effects on longitudinal student achievement*. Paper presented at the Sixth Annual Evaluation Institute sponsored by CREATE, Indianapolis, IN.

Kerrins, J. A., & Cushing, K. S., (1998, April). *Taking a second look: Expert and novice differences when observing the same classroom teaching segment a second time*. Paper presented at the annual meeting of the American Educational Research Association, San Diego, CA.

Kohn, A. (1996). What to look for in a classroom. *Educational Leadership*, (54)1, 54–55.

Kohn, A. (2000). *The case against standardized testing*. Portsmouth, NH: Heineman.

Kupermintz, H. (2003). Teacher effects and teacher effectiveness: A validity investigation of the Tennessee Value-Added Assessment System. *Educational Evaluation and Policy Analysis, 25*, 287–298.

Kuzmich, L. (1996). Data-driven instruction process. Cited in *Thompson School District school professional evaluation: Toolkit for administrators and school professionals*. Loveland, CO: Author.

Kuzmich, L., & Zila, R. (1998, December). *Developing standards-based professional goals as a focus for teacher evaluation*. Workshop presented at the annual conference of the National Staff Development Council, Washington, DC.

Laczko-Kerr, I., & Berliner, D.C. (2002, September 6). The effectiveness of "Teach for America" and other under-certified teachers on student academic achievement: A case of harmful public policy. *Education Policy Analysis Archives, 10*(37). Retrieved November 4, 2003, from http://epaa.asu.edu/epaa/v10n37/

Langer, J. (2001). Beating the odds: Teaching middle and high school students to read and write well. *American Educational Research Journal, 38*(4), 837–880.

Little, J., Gearhart, M., Curry, M., & Kafka, J. (2003). Looking at student work for teacher learning, teacher community, and school reform. *Phi Delta Kappan, 85*(3), 185–192.

Lortie, D. C. (1975). *School-teacher: A sociological study*. Chicago: University of Chicago Press.

Martin, R., Sexton, C., & Gerlovich, J. (2001). *Teaching science for all children* (3rd Ed.). Boston: Allyn and Bacon.

Marzano, R. J. (with Marzano, J. S., & Pickering, D. J.). (2003). *Classroom management that works*. Alexandria, VA: Association for Supervision and Curriculum Development.

Marzano, R. J., Norford, J. S., Paynter, D. E., Pickering, D. J., & Gaddy, B. B. (2001). *A handbook for classroom instruction that works*. Alexandria, VA: Association for Supervision and Curriculum Development.

Marzano, R. J., Pickering, D., & McTighe, J. (1993). *Assessing student outcomes: Performance assessment using the dimensions of learning model*. Alexandria, VA: Association for Supervision and Curriculum Development.

Marzano, R. J., Pickering, D. J., & Pollock, J. E. (2001). *Classroom instruction that works: Research-based strategies for increasing student achievement*. Alexandria, VA: Association for Supervision and Curriculum Development.

Mathews, J. (2000, March 14). Testing students, scoring teachers. *The Washington Post*, p. A7.

Mathews, J. (2004, February 10). A move to invest more in effective teaching. *The Washington Post*, p. A10.

McConney, A. A., Schalock, M. D., & Schalock, H. D. (1997). Indicators of student learning in teacher evaluation. In J. H. Stronge (Ed.), *Evaluating teaching: A guide to current thinking and best practice* (pp. 162–192). Thousand Oaks, CA: Corwin Press.

McConney, A. A., Schalock, M. D., & Schalock, H. D. (1998). Focusing improvement and quality assurance: Work samples as authentic performance measures of prospective teachers' effectiveness. *Journal of Personnel Evaluation in Education, 11*, 343–363.

McGahie, W. C. (1991). Professional competence evaluation. *Educational Researcher, 20*, 3–9.

McLaughlin, M. W., & Pfeiffer, R. S. (1988). *Teacher evaluation: Improvement, accountability, and effective learning*. New York: Teachers College Press.

McLean, R. A., & Sanders, W. L. (1984). *Objective component of teacher evaluation: A feasibility study* (Working Paper No. 199). Knoxville, TN: University of Tennessee, College of Business Administration.

McLeod, J., Fisher, J., & Hoover, G. (2003). *The key elements of classroom management: Managing time and space, student behavior, and instructional strategies*. Alexandria, VA: Association for Supervision and Curriculum Development.

Medley, D. M., Coker, H., & Soar, R. S. (1984). *Measurement-based evaluation of teacher performance*. New York: Longman.

Mendro, R. L. (1998). Student achievement and school and teacher accountability. *Journal of Personnel Evaluation in Education, 12*, 257–267.

Millman, J. (1981). Student achievement as a measure of teaching competence. In J. Millman (Ed.), *Handbook of teacher evaluation* (pp. 146–166). Beverly Hills, CA: Sage Publications.

Millman, J. (1997). *Grading teachers, grading schools: Is student achievement a valid evaluation measure?* Thousand Oaks, CA: Corwin Press.

National Board for Professional Teaching Standards. (1989). *Toward high and rigorous standards for the teaching profession.* Washington, DC: Author.

National Commission on Teaching and America's Future. (1996). *What matters most: Teaching for America's future.* New York: Author.

Northwest Regional Educational Laboratory. (2001). *Understanding motivation and supporting teacher renewal.* Retrieved on October 20, 2003, from http://www.nwrel.org/nwreport/jan03/motivation.html

Olson, L. (2004, March 3). Tennessee reconsiders Value-Added Assessment System. *Education Week,* p. 9.

Panasuk, R., Stone, W., & Todd, J. (2002). Lesson planning strategy for effective mathematics teaching. *Education, 22*(2), 714, 808–827.

Peart, N. A., & Campbell, F. A. (1999). At-risk students' perceptions of teacher effectiveness. *Journal for a Just and Caring Education, 5*(3), 269–284.

Popham, W. J. (1999). Why standardized tests don't measure educational quality. *Educational Leadership, 56*(6), 8–15.

Popham, W. J. (2002). *Classroom assessment: What teachers need to know* (3rd ed.). Boston: Allyn and Bacon.

Resnick, L. B. (1999, June 16). Making America smarter. *Education Week,* 38–40.

Robelen, E. W. (2003, May 7). Tennessee seeks to use student tests to show teacher quality. *Education Week, 22,* p. 27.

Roderick, M., Jacob, B. A., & Bryk, A. S. (2002). The impact of high-stakes testing in Chicago on student achievement in promotional gate grades. *Educational Evaluation and Policy Analysis, 24,* 333–357.

Rosenshine, B. (1971). *Teaching behaviors and student achievement.* Windsor, England: National Foundation for Educational Research.

Ross, S. M., Wang, L. W., Alberg, M., Sanders, W. L., Wright, S. P., & Stringfield, S. (2001, April). *Fourth-year achievement results on the Tennessee Value-Added Assessment System for restructuring schools in Memphis.* Paper presented at the annual meeting of the American Education Research Association, Seattle, WA.

Salvia, J., & Ysseldyke, J. E. (1998). *Assessment* (7th ed.). Boston: Houghton Mifflin.

Sanders, W. L. (1998). Value-added assessment. *School Administrator, 11*(55), 24–27.

Sanders, W. L. (2001, January). *The effect of teachers on student achievement.* Keynote address at the Project STARS Institute, Williamsburg, VA.

Sanders, W. L., & Horn, S. P. (1994). The Tennessee Value-Added Assessment System (TVAAS): Mixed-model methodology in educational assessment. *Journal of Personnel Evaluation in Education, 8,* 299–311.

Sanders, W. L., & Horn, S. P. (1995). *An overview of the Tennessee Value-Added Assessment System.* Knoxville, TN: University of Tennessee Value-Added Research and Assessment Center.

Sanders, W. L., & Horn, S. P. (1998). Research findings from the Tennessee Value-Added Assessment System (TVAAS) database: Implications for educational evaluation and research. *Journal of Personnel Evaluation in Education, 12,* 247–256.

Sanders, W. L., & Rivers, J. C. (1996). *Cumulative and residual effects of teachers on future student academic achievement* (Research Progress Report). Knoxville, TN: University of Tennessee Value-Added Research and Assessment Center.

Sanders, W. L., Saxton, A. M., & Horn, S. P. (1997). The Tennessee Value-Added Accountability System: A quantitative, outcomes-based approach to educational assessment. In J. Millman (Ed.), *Grading teachers, grading schools: Is student achievement a valid evaluation measure?* (pp. 137–162). Thousand Oaks, CA: Corwin Press.

Schalock, H. D. (1998). Student progress in learning: Teacher responsibility, accountability and reality. *Journal of Personnel Evaluation in Education, 12*(3), 237–246.

Schalock, H. D., Schalock, M., & Girod, G. (1997). Teacher Work Sample Methodology as used at Western Oregon State University. In J. Millman (Ed.), *Grading teachers, grading schools: Is student achievement a valid evaluation measure?* (pp. 15–45). Thousand Oaks, CA: Corwin Press.

Schalock, M. D. (1998). Accountability, student learning, and the preparation and licensure of teachers: Oregon's Teacher Work Sample Methodology. *Journal of Personnel Evaluation in Education, 12,* 269–285.

Scherer, M. (2001). Improving the quality of the teaching force: A conversation with David C. Berliner. *Educational Leadership, 58*(8), 6–10.

Schmoker, M. (1999). *Results: The key to continuous school improvement.* Alexandria, VA: Association for Supervision and Curriculum Development.

Schmoker, M. (2001). *The results handbook.* Alexandria, VA: Association for Supervision and Curriculum Development.

Scriven, M. (1988). Duties-based teacher evaluation. *Journal of Personnel Evaluation in Education, 1,* 319–334.

Scriven, M. (1994). Duties of the teacher. *Journal of Personnel Evaluation in Education, 8,* 151–184.

Shellard, E., & Protheroe, N. (2000). Effective teaching: How do we know it when we see it? *The Informed Educator Series.* Arlington, VA: Educational Research Services.

Skrla, L. (2001). The influence of state accountability on teacher expectations and student performance. *UCEA: The Review, 42*(2), 1–4.

Skrla, L., Scheurich, J. J., & Johnson, J. F. (2000). *Equity-driven achievement-focused school districts.* Austin, TX: Charles A. Dana Center.

Smith, M. L. (1991). Put to the test: The effects of external testing on teachers. *Educational Researcher, 20*(5), 8–11.

Spring, J. (1990). *The American school 1642-1990* (2nd ed.). White Plains, NY: Longman.

Stake, R. (1999). The goods on American education. *Phi Delta Kappan, 80,* 668–672.

Stone, J. E. (1999). Value-added assessment: An accountability revolution. In M. Kanstoroom & C. E. Finn, Jr. (Eds.), *Better teachers, better schools.* Washington, DC: Thomas B. Fordham Foundation.

Strauss, R. P., & Sawyer, E. A. (1986). Some new evidence on teacher and student competencies. *Economics of Education Review, 5*(1), 41–48.

Stronge, J. H. (1997). Improving schools through teacher evaluation. In J. H. Stronge (Ed.), *Evaluating teaching: A guide to current thinking and best practice* (pp. 1–23). Thousand Oaks, CA: Corwin Press.

Stronge, J. H. (2002). *Qualities of effective teachers.* Alexandria, VA: Association for Supervision and Curriculum Development.

Stronge, J. H., & Tucker, P. D. (2000). *Teacher evaluation and student achievement.* Washington, DC: National Education Association.

Stronge, J. H., & Tucker, P. D. (2003). *Handbook on teacher evaluation: Assessing and improving performance.* Larchmont, NY: Eye on Education.

Stronge, J. H., Tucker, P. D., & Ward, T. J. (2003, April). *Teacher effectiveness and student learning: What do good teachers do?* Paper presented at the annual meeting of the American Educational Research Association, Chicago, IL.

Stufflebeam, D. L. (1997). Oregon Teacher Work Sample Methodology: Educational policy review. In J. Millman (Ed.), *Grading teachers, grading schools: Is student achievement a valid evaluation measure?* (pp. 53–61). Thousand Oaks, CA: Corwin Press.

Sykes, G. (1997). On trial: The Dallas value-added accountability system. In J. Millman (Ed.), *Grading teachers, grading schools: Is student achievement a valid evaluation measure?* Thousand Oaks, CA: Corwin Press.

Tennessee Department of Education. (2000). *Framework for Evaluation and Professional Development.* Nashville, TN: Office of Professional Development.

Thomas, J. A., & Montomery, P. (1998). On becoming a good teacher: Reflective practice with regard to children's voices. *Journal of Teacher Education, 49*(5), 372–380.

Thompson, J. G. (2002). *First-year teacher's survival kit.* San Francisco, CA: Jossey-Bass.

Thompson School District. (n.d.). *School professional evaluation: Toolkit for administrators and school professionals.* Loveland, CO: Author.

Thompson School District. (1996, August). *A parent's guide to standards.* Loveland, CO: Author.

Thompson School District. (1997–98). Teacher professional standards. *Thompson School District R2-J School Professional Evaluation Handbook.* Loveland, CO: Author.

Thum, Y. M., & Bryk, A. S. (1997). Value-added productivity indicators: The Dallas system. In J. Millman (Ed.), *Grading teachers, grading schools: Is student achievement a valid evaluation measure?* Thousand Oaks, CA: Corwin Press.

Tomlinson, C. A. (1999). *The differentiated classroom: Responding to the needs of all learners.* Alexandria, VA: Association for Supervision and Curriculum Development.

Tucker, P. D., & Stronge, J. H. (2001). Measure for measure: Using student test results in teacher evaluations. *American School Board Journal, 188*(9), 34–37.

Tyler, R. W. (1949). *Basic principles of curriculum and instruction.* Chicago: The University of Chicago Press.

University of Tennessee Value-Added Research and Assessment Center. (1997). *Graphical summary of educational findings from the Tennessee Value-Added Assessment System.* Knoxville, TN: Author.

Urban, W., & Wagoner, J. (2000). *American education: A history* (2nd Ed.). Boston: McGraw-Hill Higher Education.

Vaughan, A. C. (2002). Standards, accountability, and the determination of school success. *The Educational Forum, 22*, 206–213.

Viader, D., & Blair, J. (1999, September 29). Error affects test results in six states. *Education Week, 1*, 13–15.

Viadero, D. (2004, January 21). Achievement-gap study emphasizes better use of data. *Education Week*, p. 9.

Virginia Department of Education. (2003). Summary FY 2003: Increases in classroom teacher salaries. Retrieved February 25, 2004, from www.pen.k12.va.us/VDOE/Finance/Budget/2002-2003SalarySurvey-FinalRptforweb.pdf

Virginia State Department of Education. (2000). *Virginia school laws.* Charlottesville, VA: The Michie Company.

Walberg, H. J. (1984). Improving the productivity of America's schools. *Educational Leadership, 41*(8), 19–27.

Walberg, H. J., & Paik, S. J. (1997). Assessment requires incentives to add value: A review of the Tennessee Value-Added Assessment System. In J. Millman (Ed.), *Grading teachers, grading schools: Is student achievement a valid evaluation measure?* (pp. 169–178). Thousand Oaks, CA: Corwin Press.

Wang, M. C., Haertel, G. D., & Walberg, H. J. (1993). Toward a knowledge base for school learning. *Review of Educational Research, 63*(3), 249–294.

Wayne, A. J., & Youngs, P. (2003). Teacher characteristics and student achievement gains: A review. *Review of Educational Research, 73*(1), 89–122.

Wenglinsky, H. (2000). *How teaching matters: Bringing the classroom back into discussions of teacher quality.* Princeton, NJ: Millikan Family Foundation and Educational Testing Service.

Western Oregon University. (n.d.). *Teacher effectiveness project: The reliability and validity of Teacher Work Sample Methodology: A synopsis.* Monmouth, OR: Author.

Wharton-McDonald, R., Pressley, M., & Hampston, J. M. (1998). Literacy instruction in nine first-grade classrooms: Teacher characteristics and student achievement [Electronic version]. *The Elementary School Journal, 99*(2). Retrieved on October 30, 2003, from http://80-web3.infotrac.galegroup.com.proxy.wm.edu/itw/infomark/993/701/64058160w3/purl=rc1_EAIM_0_A54851458&dyn=4!ar_fmt?sw_aep=viva_wm

Wheeler, P. H. (1995). Before you use student tests in teacher evaluation . . . consider these issues. *AASPA Report.* Virginia Beach, VA: American Association of School Personnel Administrators.

Wiggins, G., & McTighe, J. (1998). *Understanding by design.* Alexandria, VA: Association for Supervision and Curriculum Development.

Wilkerson, D., Manatt, R., Rogers, M., & Maughan, R. (2000). Validation of student, principal, and self-ratings in 360-degree feedback for teacher evaluation. *Journal of Personnel Evaluation in Education, 14*(2), 179–192.

Wolf, K., Lichtenstein, G., & Stevenson, C. (1997). Portfolios in teacher evaluation. In J. H. Stronge (Ed.), *Evaluating teaching: A guide to current thinking and best practice* (pp. 193–214). Thousand Oaks, CA: Corwin Press.

Wolk, S. (2002). *Being good: Rethinking classroom management and student discipline.* Portsmouth, NH: Heinemann.

Wright, S. P., Horn, S. P., & Sanders, W. L. (1997). Teacher and classroom context effects on student achievement: Implications for teacher evaluation. *Journal of Personnel Evaluation in Education, 11*, 57–67.

Zahorik, J., Halbach, A., Ehrle, K., & Molnar, A. (2003). Teaching practices for smaller classes. *Educational Leadership, 61*(1), 75–77.

索引

（正文旁之數碼，係原文書頁碼，供檢索索引之用）

中英對照名詞索引

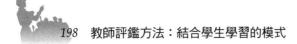

九劃

十劃

十一劃

英文人名索引

國家圖書館出版品預行編目資料

教師評鑑方法：結合學生學習的模式／Pamela D.
　Tucker & James H. Stronge 著；賴麗珍譯.
-- 初版. -- 臺北市：心理，2006（民 95）
面；　公分. --（教育行政；8）
參考書目：面
含索引
譯自：Linking teacher evaluation and student
　　　learning.

ISBN 957-702-920-5（平裝）

1. 教師─評鑑─個案研究

522.29　　　　　　　　　　　　　　　　95012483

教育行政 8　　　**教師評鑑方法：結合學生學習的模式**

作　　　者：Pamela D. Tucker & James H. Stronge
譯　　　者：賴麗珍
執 行 編 輯：高碧嶸
總 編 輯：林敬堯
出 版 者：心理出版社股份有限公司
社　　　址：台北市和平東路一段 180 號 7 樓
總　　　機：(02) 23671490　　傳　　真：(02) 23671457
郵　　　撥：19293172　心理出版社股份有限公司
電子信箱：psychoco@ms15.hinet.net
網　　　址：www.psy.com.tw
駐美代表：Lisa Wu　tel: 973 546-5845　fax: 973 546-7651
登 記 證：局版北市業字第 1372 號
電腦排版：龍虎電腦排版股份有限公司
印 刷 者：東緯彩色印刷有限公司
初版一刷：2006 年 7 月

讀者意見回函卡

No. _____   填寫日期：　年　月　日

感謝您購買本公司出版品。為提升我們的服務品質，請惠填以下資料寄回本社【或傳真(02)2367-1457】提供我們出書、修訂及辦活動之參考。您將不定期收到本公司最新出版及活動訊息。謝謝您！

姓名：_____　性別：1□男　2□女

職業：1□教師 2□學生 3□上班族 4□家庭主婦 5□自由業 6□其他____

學歷：1□博士 2□碩士 3□大學 4□專科 5□高中 6□國中 7□國中以下

服務單位：_____　部門：_____　職稱：_____

服務地址：_____　電話：_____　傳真：_____

住家地址：_____　電話：_____　傳真：_____

電子郵件地址：_____

書名：_____

一、您認為本書的優點：（可複選）

　　❶□內容 ❷□文筆 ❸□校對 ❹□編排 ❺□封面 ❻□其他____

二、您認為本書需再加強的地方：（可複選）

　　❶□內容 ❷□文筆 ❸□校對 ❹□編排 ❺□封面 ❻□其他____

三、您購買本書的消息來源：（請單選）

　　❶□本公司 ❷□逛書局⇨_____書局 ❸□老師或親友介紹

　　❹□書展⇨____書展 ❺□心理心雜誌 ❻□書評 ❼其他_____

四、您希望我們舉辦何種活動：（可複選）

　　❶□作者演講 ❷□研習會 ❸□研討會 ❹□書展 ❺□其他____

五、您購買本書的原因：（可複選）

　　❶□對主題感興趣 ❷□上課教材⇨課程名稱_____

　　❸□舉辦活動　❹□其他_____　（請翻頁繼續）

廣　告　回　信
台　北　郵　局　登　記　證
台北廣字第 940 號

（免貼郵票）

 心理出版社 股份有限公司

台北市 106 和平東路一段 180 號 7 樓

TEL: (02) 2367-1490
FAX: (02) 2367-1457
EMAIL:psychoco@ms15.hinet.net

沿線對折訂好後寄回

六、您希望我們多出版何種類型的書籍

❶□心理 ❷□輔導 ❸□教育 ❹□社工 ❺□測驗 ❻□其他

七、如果您是老師，是否有撰寫教科書的計劃：□有□無

　　書名／課程：＿＿＿＿＿＿＿＿＿＿＿＿＿＿＿＿＿＿＿＿

八、您教授／修習的課程：

上學期：＿＿＿＿＿＿＿＿＿＿＿＿＿＿＿＿＿＿＿＿＿＿

下學期：＿＿＿＿＿＿＿＿＿＿＿＿＿＿＿＿＿＿＿＿＿＿

進修班：＿＿＿＿＿＿＿＿＿＿＿＿＿＿＿＿＿＿＿＿＿＿

暑　假：＿＿＿＿＿＿＿＿＿＿＿＿＿＿＿＿＿＿＿＿＿＿

寒　假：＿＿＿＿＿＿＿＿＿＿＿＿＿＿＿＿＿＿＿＿＿＿

學分班：＿＿＿＿＿＿＿＿＿＿＿＿＿＿＿＿＿＿＿＿＿＿

九、您的其他意見

謝謝您的指教！

41408